CRISTOLOGÍA

EL HOMBRE QUE DIVIDIÓ LA HISTORIA.

DANIEL ELGUÉZABAL PECINA M.A

WESTBOW
PRESS®
A DIVISION OF THOMAS NELSON
& ZONDERVAN

Puede hacer pedidos de libros de WestBow Press en librerías o poniéndose en contacto con:

WestBow Press
A Division of Thomas Nelson & Zondervan
1663 Liberty Drive
Bloomington, IN 47403
www.westbowpress.com
1 (866) 928-1240

ISBN: 978-1-9736-6329-4 (tapa blanda)
ISBN: 978-1-9736-6330-0 (tapa dura)
ISBN: 978-1-9736-6328-7 (libro electrónico)

Número de Control de la Biblioteca del Congreso: 2019906632

Información sobre impresión disponible en la última página.

Fecha de revisión de WestBow Press: 9/23/2019

Editores:
Floyd Woodworth W., M.A.
Pablo Kazim, Ph.D.
Rolando González Martínez, candidato a Ph.D.
Guillermo Landa Ph.D.

Correctores:
Esteban Pari Mollo, M.A.
Mario González Aguilera, Lic. en Comunicación

Diseño de portada: Sweet Sardaneta

DEDICO ESTE LIBRO

A mi familia:

A mi esposa Ruth y a mis hijos Jonathan y Rebecca, quienes son mi gran apoyo, ellos hicieron posible este proyecto. Gracias por su comprensión a mis muchas horas de ausencia durante la investigación, preparación y edición de esta obra. A mis padres: Blas Elguézabal Montemayor y Ofelia Pecina de Elguézabal ella fue llamada a la presencia del Señor. Mi linda madre, quien se separó temporalmente de nosotros en abril del 2011; fue una inspiración para escribir este libro. Agradezco a mis hermanos carnales, primos y tíos, por su respaldo moral y espiritual.

A las iglesias que he servido en como Pastor:

A *la iglesia Roca de Poder* de mi ciudad natal, Melchor Múzquiz, Coahuila, México, quien fue nuestra primera iglesia que mi esposa y yo fundamos con la ayuda de Dios, y con quienes aprendimos mucho. A *la iglesia Cristo Viene*, de Palaú, Coahuila, donde me desarrollé ministerialmente, y fue allí donde se concibió este proyecto. A estas dos congregaciones los amamos entrañablemente. A *la Iglesia Cristiana de Bakersfield*, en Bakersfield, California, en la cual por más de ocho años serví como Pastor Asociado y mi esposa Ruth por cuatro años fue la Pastora de Jóvenes, agradezco su respaldo en todo. Gracias iglesia amada por su gran apoyo e interés en este libro. A mi queridísima iglesia que, por la gracia de Dios, plantamos en el 2009, *la Iglesia Cristiana Familiar* de Bakersfield, CA., gracias por su ánimo, tremendo respaldo, oraciones y por creer en la visión de educar mejor a los siervos y siervas de Dios y a todo creyente para servir mejor a su Señor.

A mis padres en la Teología y en la sana doctrina y amigos en el ministerio:

Al Rev. Raymond Daniel Morelock, quien en vida fue el director por más de 30 años del Instituto Bíblico "Magdiel" en Matamoros, Tamaulipas, México. Él fue mi amigo, gran maestro y misionero en este país. Al inimitable Rev. M. David Grams, uno de los fundadores del Instituto de Superación Ministerial (ISUM), cuya vida y ministerio han sido ejemplo para miles de Isumistas en América Latina. Al distinguido Rev. Roy Smeya, Misionero y Profesor, cuya calidad humana y fino porte de siervo me bendijeron. Y a mi gran amigo el Rev. Samuel H. Balius, Fundador de la Facultad de Teología de las Asambleas de Dios en América Latina (FAT), hombre de acero, símbolo de disciplina y entrega. Al doctor Ramón Carpenter por sus valiosas aportaciones brindadas. A mi linda hermana Mary Gómez de Landa y a su esposo Guillermo Landa, gracias por todo su apoyo y valiosos consejos. A mi gran amigo y buen tutor y consejero ministerial a mi queridísimo hermano Floyd Woodworth, quien en vida, me bendijo tanto aquí en California. Con estos misioneros aprendí a conocer más a Dios, no sólo por el estudio sino por la vida de Cristo reflejada en ellos. Aunque son siervos renombrados en toda la América Latina, siempre supieron ser amigos, los conocí de cerca. Estuve al lado de uno de ellos en el hospital durante un seminario en Durango, Durango, México, a otro, Dios nos dio el privilegio, a mi esposa y a mí, de orar por sanidad física y Dios le hizo un milagro grande y completo. A mis amigos y líderes en el Concilio Nacional de las Asambleas de Dios en México como los son: el Pbro. Enrique González Vázquez, el Pbro. José M. Saucedo Valenciano, Pbro. Gilberto Cordero, gracias por su amistad y apoyo. Agradezco el respaldo brindado por mi muy estimado Pbro. Daniel de los Reyes Villarreal en la primera edición de este libo. A mi amigo del alma Pastor Abel Flores Acevedo, por su ánimo y sugerencias prácticas. A un autor a quien mucho aprecio y admiro, fue quien pastoreó a mis abuelos, al Pbro. Arturo Reyes Martínez, su vida y libros siempre me han inspirado. Agradezco a la Presbitera Carmen Julia Villafranca, por sus sugerencias didácticas. Todos ellos son líderes quienes aman el ministerio de la pluma, su vida y entrega al trabajo son una continua motivación para miles de siervos, en México y otros países.

De igual forma, mi gratitud es para los amigos y compañeros en la Obra de Dios, con los cuales soy bendecido especialmente aquí en California, me refiero a mi Superintendente de Socal Network, del Sur de California; Pastor Rich Guerra, gracias por siempre creer en mí. A los Misioneros Larry y su esposa Melody Gruetzmacher, con su apoyo decidido plantamos la iglesia que ahora pastoreamos, y apoyaron la publicación de este libro desde el principio. A mi buen amigo, mi Tocayo Daniel Campell, por su gran respaldo que me ha brindado. A mi gran amigo Misionero y Evangelista internacional; Jason Frenn, a quien yo admiro y respeto, gracias por su asesoría clara y eficiente en la publicación de este libro. A Rudy y Tanya Paniagua; nuestros dinámicos líderes en el área hispana del Socal Network; ellos son buenos líderes y un matrimonio de mucha inspiración para mi vida. Al equipo de Liderazgo Hispano que trabajamos, en el Socal Network, al lado de los Pastores Paniagua, mil gracias muchachos, me encanta que juntos seguimos creciendo. A mi Pastor Asociado, Pastor Gabino Yáñez, por su ayuda en revisar el material. Con todos tengo una deuda de gratitud y ellos han dejado una profunda huella en mi vida personal y ministerial.

Dedico también este libro a los que aman el estudio de la Palabra, creyentes, pastores, maestros y ministros deseosos de conocer más a Dios para servirle mejor. De igual manera, tengo una deuda de gratitud con mis amigos a nivel internacional: Sweet Sardaneta, de la ciudad de México, por el diseño de la portada. Al Misionero Rev. Pablo Kazim, director de los misioneros en México, por sus notas y sugerencias y su forma de pensar aguda y precisa. Al Profesor Esteban Pari Mollo, de La Paz, Bolivia, por sus aportaciones muy valiosas que enriquecieron mucho esta obra. Al abogado y Pastor Rolando González de Piedras Negras, Coahuila, México, su trabajo de revisión fue exhaustivo, sus ideas y excelentes sugerencias fueron siempre bienvenidas. Al Licenciado y expositor Bíblico, Mario González Aguilera de Tijuana, Baja California, México por las muchas horas que invirtió en la revisión y corrección, fue muy claro y preciso al corregir el manuscrito. Al Pastor Raúl Hernández Falcón, de Piedras Negras, Coahuila, quien fue el primero en animarme a escribir. A quien ha sido mi primer pastor, el Pbro. Jacobo Falcón Sandoval, por su apoyo. Le agradezco sinceramente al Presbítero Jorge C. Canto Hernández, de Mérida, Yucatán, México, por autorizarme incluir, en la parte final de este libro, su trabajo monográfico sobre la relevancia del nacimiento virginal de Cristo. A todos muchas gracias por sus talentos, análisis y conocimientos bíblicos que dispusieron para ser usados en contribución a esta obra; ¡mil gracias!

Cordialmente, el autor.

Información sobre la trayectoria académica del autor:
Graduó del Instituto Bíblico Magdiel de Matamoros, Tamaulipas, México.
Graduó del Instituto de Superación Ministerial ISUM, con una Licenciatura en Teología.
Graduó de la Facultad de Teología de las Asambleas de Dios de América Latina, con maestrías en Teología Práctica y Misiología.

Ha impartido diferentes clases en:
El Instituto Bíblico Capernaúm, extensión Palaú, Coahuila (ahora en Nueva Rosita, Coahuila).
El Latin American Bible Institute (LABI), Extensión Indiana.
El Colegio de la Biblia del Distrito del Sur de California de las Asambleas de Dios (Socal Network).
La Facultad de Teología de las Asambleas de Dios de América Latina, en diferentes países.
El Instituto Teológico de Estudios Superiores de Alto Rendimiento ITESAD, en Saltillo, Coahuila, México.

CONTENIDO

INTRODUCCIÓN

¿Suena interesante el estudio de la Cristología en la actualidad? El cristianismo afirma que Jesucristo es Dios ¿Qué pruebas se pueden mostrar para afirmar la preexistencia del unigénito Hijo del Padre? ¿Cuáles son las principales evidencias bíblicas de que Jesús es Dios? ¿Cuál es el pilar principal en que se apoya el cristianismo? Estas y otras preguntas serán motivo de estudio y reflexión en este libro. Aquí se retomará la importancia del hombre que vino a dividir la historia, ya que todo acontecimiento importante en la historia es enmarcado en el antes y después de su nacimiento.

El estudio de la Cristología es profundo y amplio. La presente obra, es una introducción a esta rama de la Teología, y ha sido escrita como una herramienta para ser utilizada, por pastores, líderes y obreros locales que deseen profundizar su fe y la de otros, en este apasionante estudio de la vida del Salvador del mundo. Se presentan los temas más importantes de la Cristología, en un lenguaje sencillo para el estudiante de la Biblia, al final de cada capítulo se incluyen algunas aplicaciones personales del tema, a fin de añadirle el valor práctico al tema tratado.

En cuanto a la metodología utilizada, preferimos comenzar con la dimensión antropológica de Cristo, para luego culminar con su dimensión divina. Lutero afirmaba que: *"Cristo debe ser conocido como hombre, antes de ser conocido como Dios; y primeramente debemos seguir y entender el camino de su cruz y su humanidad antes de que conozcamos la gloria de su divinidad. Cuando lo tomamos como hombre, inmediatamente nos llevará a conocerlo como Dios"* (Martin Lutero, *Select Works of Martin Luther,* 4 Vols. London: T. Bensley, 1924-26, 3:184). La narración de los Evangelios describe a Jesús como judío e identificado como galileo, por ser originario de la región de Galilea. Con frecuencia se le llamaba: Jesús de Nazaret, él vivió en un contexto social real, por lo tanto, es necesario conocerlo primero en esta dimensión. Luego nos damos cuenta cómo Jesús también manifiesta que es verdadero Dios. *"Porque a Dios le agradó habitar en él, con toda su plenitud"* (Col. 1:19). Además, cabe citar que los 12 apóstoles lo conocieron primero como persona y luego como Dios.

Mi deseo sincero, es que este libro sea útil en la edificación del cuerpo de Cristo, que es su Iglesia, y que cada creyente, líder, siervo y sierva de Dios aumente su amor por su Salvador y que comparta con otros *"lo que de gracia ha recibido"* (Mt. 10:8).

Junio del 2019, Bakersfield, California.

Daniel Elguézabal Pecina.

CAPÍTULO 1

LA ENCARNACIÓN DE CRISTO

"DIOS SE HIZO HOMBRE"

La palabra "encarnación" no aparece en la Biblia, como tampoco la palabra "trinidad", pero sus componentes ("en" y "carne") sí ocurren. Juan escribió que: *"El Verbo se hizo carne"* (Jn. 1:14). Él también escribió acerca de la venida de Jesús en carne (1 Jn. 4:2; 2 Jn. 7). Sin embargo, la característica distintiva es que Su humanidad fue sin pecado.

En este tema se considerarán tres cuestiones relevantes:

I.   SU NACIMIENTO VIRGINAL

A. Su nacimiento virginal es único

A diferencia de los demás hombres deificados como Buda, Confucio, Mahoma y otros. El único que nació de una virgen, es decir, que no nació por medio de una concepción natural, es Jesús. Por ello, tenemos a un Jesús sobrenatural y divino. En él se cumplieron las profecías del Antiguo Testamento, que fueron escritas antes de su nacimiento y que la Biblia habla sobre aquello del quien iba a venir y de quien ya vino.

La narración del médico Lucas, en su evangelio, en referencia a la concepción de Jesucristo es muy descriptiva (Lc. 1:26-35). Después del anuncio dado a María por parte del ángel Gabriel, ella sorprendida, exclamó: *"¿Cómo podrá suceder esto -le preguntó María al ángel-, puesto que yo soy virgen? - el Espíritu Santo vendrá sobre ti, y el poder del Altísimo te cubrirá con su sombra. Así que el santo niño que va a nacer lo llamarán Hijo de Dios"* (vv. 34, 35 NVI). "Esta sección enseña claramente la concepción virginal de Jesús, que fue obra directa del Espíritu Santo. Desde su concepción Jesús fue totalmente Dios y totalmente hombre"[1]. El Evangelio de Mateo aclara aún más este acontecimiento (Mt. 1:20-25). Especialmente en el v. 25 al afirmar que José: *"No tuvo relaciones conyugales con ella hasta que dio a luz a su hijo, a quien le puso por nombre Jesús"* (NVI). Ambos relatos de Mateo y de Lucas, afirman con toda claridad que Jesús nació de una mujer virgen, lo cual constituye un punto muy importante para la fe cristiana[2].

B. Su nacimiento tiene un propósito definido

Jesucristo vino a nacer para morir por los pecados de todo el género humano. Por ello, es importante el hecho de que se hizo hombre. Le da un cuadro más completo y ayuda a entender la razón de su encarnación. Su nacimiento no fue el de un simple mortal; Él sabía de antemano que su misión era cumplir a cabalidad la voluntad del Padre, de que su muerte sirviera como el pago del rescate por la humanidad (Mr. 10:45).

C. Su nacimiento tiene una aplicación personal

El nacimiento de Cristo da lugar al nacimiento espiritual del creyente salvo (Jn. 3), el mismo hecho que es un misterio, conduce al cumplimiento de la promesa divina de: *"Dios con nosotros"*. Es decir, dio lugar a que Dios habitara entre los hombres. no es ajeno a nuestra naturaleza y circunstancia. Él vive en nosotros, en el momento que iniciamos una relación íntima y muy personal con él y el Padre (Jn. 14:23). Por esta razón, el nacimiento de Cristo, y el establecimiento de una relación tan cercana con el creyente entregado a él, hace posible que exista un cristianismo diferente, es decir sobrenatural, que no se iguala a ninguna religión, porque ahora Dios habita entre los hombres y no se necesita a otro mediador, sólo a Jesucristo hombre nacido de mujer.

---

[1] Luciano Jaramillo (Ed.) *La Biblia de Estudio NVI*, p. 1611.
[2] *Ibid*, p. 1511.

También su nacimiento refleja la esperanza humana, porque él ocupó el lugar de nosotros debido a nuestra condición pecaminosa, al nacer como humano y morir por los pecados cometidos para otorgarnos perdón y salvación eterna.

II.   SU PERSONALIDAD

A. Su mansedumbre excepcional

La mansedumbre es una de las cualidades más sobresalientes de la personalidad de Cristo. Se entiende por mansedumbre, a esa actitud mental que se opone a la aspereza y contención que se manifiesta a sí misma en gentileza y ternura en el trato con los demás. La palabra mansedumbre ha sido elevada a un plano superior por el cristianismo, su significado primitivo era "apacible", "amable". Se aplicaba a cosas inanimadas. También se ha utilizado como un atributo humano; veamos cómo se refirieron a ella algunos pensadores famosos:

◆   Aristóteles, la definía como ecuanimidad.
◆   Platón, la ubicaba en contraposición a la fiereza o crueldad.
◆   Finder, la aplicaba a un rey, manso o amable para con los ciudadanos.
◆   Heródoto, la utilizaba como lo opuesto al enojo.

Estos significados pre-cristianos de la palabra exhiben dos características generales: 1) Expresan una conducta meramente exterior. 2) Solamente contemplan relaciones entre los hombres.

El significado cristiano de la palabra, por el contrario, describe una cualidad interior y relacionada principalmente con Dios, y está basada en la humildad, la cual no es natural, sino que es una consecuencia de la naturaleza renovada, excepto en el caso de Cristo, en quien es la expresión o manifestación de su naturaleza santa. Pablo dio testimonio claro de la mansedumbre de Cristo (2 Co. 10:1, compárese con Mt. 11:29; 21:5)[3].

B. Sus otras distintas cualidades

Ahora bien, describir las cualidades de la personalidad de Jesucristo es casi imposible. Pero algunas de ellas merecen especial atención, aunque no

---

[3] Emery H. Bancroft. Fundamentos de la Teología Bíblica, pp. 192, 193.

se puede decir que son más sobresalientes que las demás. Él era un hombre íntegro, era la verdad encarnada. Era valiente en cuanto a defender sus convicciones. Era comprensivo con la gente que trataba. Su carácter estaba coronado de impecabilidad y esto no sólo por la ausencia de pecado en él, sino por la santidad positiva que demostraba en sus dichos y hechos. Como integrante de la Trinidad posee todos los atributos de Dios[4].

C. Su carácter excepcional

En relación con su carácter y personalidad, la historia registra testimonios de algunos de los escépticos más renombrados que, aunque no lo consideraban el Dios hecho hombre, sí reconocían lo que los famosos pensadores hablaban de él. Citaremos cuando menos uno de ellos.

Rousseau dijo: "Cuando Platón declaró a su imaginario hombre justo, cargado de toda penalidad de la culpa, y mereciendo, sin embargo, las más altas recompensas de la virtud, él describe el carácter de Jesucristo"[5].

Finalmente, para describir en forma un poco más concisa su personalidad humana, es notoria la forma en que lo presenta el teólogo Charles C. Ryrie quien explica que, Él: *"posee completa deidad y perfecta humanidad unidas sin mezcla, cambio, división, ni separación en una persona para siempre"*. Analicemos esta definición: "completa divinidad" ([*"completa"*, es decir, sin] ninguna disminución de algún atributo de la deidad), "perfecta humanidad" (*"perfecta"* en vez de "plena" para enfatizar su impecabilidad), **"una persona"** (no dos), y *"para siempre"* (porque retiene un cuerpo, aunque resucitado) (Hch. 1:11; Ap. 5:6)"[6].

El tercer y último aspecto en cuanto a la encarnación de Cristo es:

III. SU HUMANIDAD

Existen más personas que insisten en negar la divinidad de Cristo que su humanidad. ¿Por qué? porque muchos se resisten a creer en su divinidad, lo consideran solamente un hombre, y como tal no puede inquietar a las personas con sus demandas como lo hace siendo el Dios-hombre. Sin

---

[4] Juan Rojas. *Diccionario Popular de la Biblia,* p. 129.
[5] Josh McDowell, *Evidencia que exige un veredicto,* p. 125.
[6] Charles C. Ryrie. *Teología Básica,* pp. 280, 281.

embargo, aquellos que están dispuestos a afirmar su humanidad puede ser que no estén tan dispuestos a afirmar su humanidad perfecta. Quizás lo reconozcan como un buen hombre (¿podría serlo si, supuestamente, mintió a otros?), o un gran hombre (¿Cómo lo sería si engañó a otros? según ellos), pero no lo reconocen como hombre perfecto (porque entonces se sentirían más obligados a escucharle aun cuando no lo reconocieran como Dios).

A. Cristo poseía cuerpo, una perfecta humanidad

1. Poseyó un cuerpo humano

Aunque la concepción de Cristo fue sobrenatural, él nació con un cuerpo humano, creció y se desarrolló normalmente (Lc. 2:52). Se llamó a sí mismo un hombre (Jn. 8:40). Sus discípulos convivieron con él; viajaron juntos. La narración de Lucas 24:13,25-32 y Juan 21:4-14 describen que después de haber resucitado él comió con ellos. Jesús mismo demostró tener un cuerpo humano.

2. Poseyó alma y espíritu humano

La humanidad perfecta de Nuestro Señor incluyó una naturaleza material perfecta (cuerpo) y una inmaterial (espíritu). Su humanidad era tan completa que incluía tanto el cuerpo como el espíritu (Mt. 26:38; Lc. 23:46).

3. Mostró las características de un ser humano.

Nuestro Señor sintió hambre (Mt. 4:2), sed (Jn. 19:28), se cansó (Jn. 4:6), experimentó el amor y la compasión (Mt. 9:36), él lloró (Jn. 11:35), fue probado (Heb. 4:15). Estas son las características de su genuina humanidad.

4. Fue llamado por nombres humanos

a. Hijo de hombre

Esta fue la designación favorita que él prefería (la utilizó por lo menos ochenta veces). Este nombre lo vinculaba con la tierra y con su misión terrenal. Hacía hincapié en su sufrimiento y muerte (Lc. 19:10); y en el reino futuro como Rey (Mt. 24:27)[7].

Myer Pearlman respecto a este nombre escribe:

> De acuerdo con el uso hebreo, *"Hijo de hombre"* denota relación y participación. Por ejemplo: *"Los hijos del reino"* (Mt. 8:12), son aquellos que compartirán sus verdades y bendiciones. Los *"Hijos de la resurrección"*, (Lc. 20:36) son aquellos que participarán de la vida de la resurrección. El *"Hijo de perdición"* (Jn. 17:12) es uno destinado a sufrir la perdición y la ruina. Por lo tanto, el *"Hijo del hombre"*, significa uno que comparte la naturaleza humana y las cualidades humanas[8].

b. Hombre

Pablo lo llama así en 1ª. Timoteo 2:5. Como seres humanos estamos separados de Dios debido al pecado, y sólo una persona en todo el universo puede pararse entre Dios y nosotros y unirnos otra vez; el es Jesús, quien es Dios y hombre al mismo tiempo[9]. Él es único mediador ya que en él tuvo, sin complicaciones y sin mengua, la presencia de las dos naturalezas; la divina y la humana en sí mismo sin problema

Con respecto a la encarnación de Cristo Greg Gilbert comenta: "Es por eso los cristianos a través de los siglos han insistido en describir a Jesús como "completamente Dios y completamente hombre". Él no es parte Dios y parte humano o una mezcla de Dios y humano o incluso algo intermedio entre Dios y el ser humano. Él es Dios. Y él es humano"[10].

B. El misterio más grande: Dios se hizo hombre

Además de que posee una verdadera humanidad, no debe buscarse colocarlo al nivel de los hombres ilustres, sabios o santos. El nacimiento

---

[7] *Ibid*, pp. 282, 283.
[8] Myer Pearlman. *Teología Bíblica y Sistemática*, p. 159.
[9] Juan Rojas Mayo (Ed.) *La Biblia del Diario Vivir*, p. 1709.
[10] Greg Gilbert. *¿Quién es Jesús?*, p. 47.

virginal y la resurrección son señales de que aquí tenemos algo totalmente único en la esfera de la humanidad[11].

Él es el Dios hombre, misterioso en realidad para las mentes finitas, pero no menos real, según el testimonio de las Escrituras. Si él ha de servir como Mediador entre Dios y el Hombre, debe esperarse que haya complejidad en él, más allá de toda comprensión humana[12].

Como siempre se expresaba el Rev. Ray D. Morelock, distinguido teólogo, maestro y destacado misionero en México, quien ya pasó a estar con el Señor, exclamaba frecuentemente: "**el misterio de misterios es la encarnación de Dios; el Cristo hecho hombre**".

APLICACIONES

1. La humanidad de Cristo es un misterio basado en un hecho real y único en la historia, que solamente puede entenderse por medio de la experiencia, es decir conocer a Jesucristo por la experiencia personal. No se le puede conocer teóricamente. Sólo hay un camino y es la fe, el que lleva a un conocimiento pleno de quien es Cristo Jesús. Desconocer la humanidad de Cristo es crear nuestro propio cristo, conforme a la medida de cada uno.

2. El hecho de que Dios tomó forma humana nos beneficia; significa también que, así como Jesús dejó su posición exaltada al lado del Padre, se humilló y tomó una actitud de siervo; yo debo de servir a los demás, motivado por su claro ejemplo, y disponerme a servir como él sirvió.

---

[11] Everett F. Harrison. *Diccionario de Teología*, p. 131.
[12] Chafer, p. 380.

CONCLUSIÓN

El estudio de la Persona de Cristo estaría incompleto si no consideráramos su encarnación. Ésta incluye: Su autolimitación divina; siendo Dios se hizo hombre, manteniendo aún su deidad. Su personalidad que es única en toda la historia del hombre; es caracterizada por su humanidad verdadera y perfecta.

"E indiscutiblemente, grande es el misterio de la piedad:
Dios fue manifestado en carne,
Justificado en el Espíritu,
Visto de los ángeles,
Predicado a los gentiles,
Creído en el mundo,
Recibido arriba en gloria"
(1 Ti. 3:16)

CAPÍTULO 2

EL BAUTISMO DE CRISTO

"BAUTIZANDO AL BAUTIZADOR"

Para aquellas personas que son muy analíticas, el bautismo de Jesucristo presenta un problema. Si el bautismo de Juan era para arrepentimiento de pecados y para quienes se lamentaban haberlos cometido y deseaban dejarlos atrás definitivamente, ¿por qué entonces Jesús pidió a Juan que lo bautizara?, ¿No era él inmaculado? y ¿No era el bautismo de Juan innecesario e inadecuado para él? En este estudio encontraremos la respuesta y a la vez responderemos a las preguntas: ¿Qué cualidades tenía la persona que bautizó a Cristo?, ¿Por qué razones Jesús fue bautizado? y ¿Es el bautismo algo que todos los creyentes convertidos deben de practicar hoy en día?

I.   JUAN EL BAUTISTA

Para Juan el Bautista el más alto honor que se le concedió fue bautizar al Bautizador (Mt. 3:14b). Él declaró: *"Yo...os bautizo, pero...él os bautizará..."* (Mr. 1:8). Bautizar al Salvador del Mundo, ¡qué grande privilegio! Naturalmente, para este gran privilegio, Dios tuvo que escoger a este gran hombre, quien reunía ciertas cualidades muy especiales.

A. Sus cualidades

Aunque aparentemente pareciera de poca importancia el hecho de analizar la persona que bautizó al Hijo de Dios, es vital citar las cualidades

9

con las cuales, desde el principio, el Señor dotó a Juan. Desde su nacimiento Dios dijo a Zacarías, padre de Juan, que este pequeño niño sería:

1. ***"Grande delante de Dios y lleno del Espíritu Santo desde el vientre de su madre"*** (Lc. 1:15).
2. ***"Hará que muchos... se conviertan al Señor"*** (Lc.1:16).
3. ***"E irá* (Dios) *delante de él, con el espíritu y poder de Elías"*** (Lc. 1:17).
4. Fue humilde y sincero cuando respondió a las preguntas de los sacerdotes y levitas sobre si él era Cristo o Elías (Jn. 1:19-24). Él afirmó no ser el Cristo.
5. Juan fue el último de los profetas del antiguo orden que tenía autoridad (Mt. 11:13).
6. Es ***"el mayor de todos los nacidos de mujer"*** (Mt. 11:11).

Cuando Dios va a usar a alguien, busca que éste reúna algunas cualidades distintivas que le permita ser usado por él, como un vaso útil, en alguna labor o ministerio específico, a fin de cumplir con un propósito divino y poder ser usado como un instrumento útil en ayudar a los demás.

B. Profecías acerca de él

Desde el Antiguo Testamento Dios ya había hecho referencia acerca de Juan. Isaías predijo con respecto a él: ***"Voz que clama en el desierto: Preparad camino a Jehová; enderezad calzada en la soledad a nuestro Dios. Todo valle sea alzado, y bájese todo monte y collado; y lo torcido se enderece, y lo áspero se allane. Y se manifestará la Gloria de Jehová, y toda carne justamente la verá; porque la boca de Jehová ha hablado"*** (Is. 40:3-5). Malaquías también anunció al Bautista en nombre de Jehová: ***"He aquí, yo envío mi mensajero, el cual preparará el camino delante de mí"*** (Mal. 3:1). El hecho de la elección de Juan para que fuese el mensajero de Jehová y el heraldo de Cristo es una responsabilidad que excede en mucho a cualquier otra que se le haya encomendado a hombre alguno. A Juan se le encargó divinamente la tarea de preparar el camino para el Mesías-Jehová (compárese

Mr. 1:2 con Hch. 19:4) y la de hacer que Cristo *"fuese manifestado a Israel".* Él explicó: *"...por eso vine yo bautizando en agua"* (Jn. 1:31)[13].

C. Su vacilación al bautizar a Cristo

No obstante, es pertinente notar que Juan estaba debidamente consciente de que él había sido escogido por Dios para esta misión. Él mismo dijo: *"Yo soy la voz de uno que clama en el desierto: Enderezad el camino del Señor, como dijo el profeta Isaías"* (Mt. 3:3). Sin embargo, trató de evadir su responsabilidad de bautizar a Cristo. *"Entonces Jesús vino de Galilea a Juan al Jordán, para ser bautizado por él. Mas Juan se le oponía diciendo: Yo necesito ser bautizado por ti, ¿y tú vienes a mí?, pero Jesús le respondió: Deja ahora, porque así conviene que cumplamos toda justicia"* (Mt. 3: 13-15).

Gregory Thoumaturgus (vol. X pp. 1184, 1185) nos explica con más detalle de la vacilación de Juan y la firme responsabilidad de Cristo. Sería pertinente tomar la cita de Chafer, ya que expresa como tal vez Juan hubiera expresado su sentir al momento de bautizar al Bautizador:

¿Cómo podré tocar tu cabeza inmaculada? ¿Cómo podré extender mi mano derecha sobre ti, que has extendido los cielos como una cortina y que has afirmado la tierra sobre las aguas? ¿Cómo pondré mis dedos serviles sobre tu divina cabeza? ¿Cómo podré lavar al que es sin mancha y sin pecado? ¿Cómo encender al que es la Luz del mundo? ¿Cómo podré orar por ti que recibes las oraciones de aquellos que ni siquiera te conocen? Al bautizar a otros yo los bautizo en tu Nombre, para que ellos puedan creer que tú vienes en gloria; pero al bautizarte a ti, ¿a quién mencionaré? ¿en nombre de quién te bautizaré? ¿En Nombre del Padre? Pero Tú tienes en ti todo lo del Padre. ¿O en el Nombre del Hijo? Pero no hay otro fuera de ti, que por naturaleza sea Hijo de Dios. ¿O en el Nombre del Espíritu Santo? Pero él está absolutamente en ti, pues es de la misma naturaleza, de la

---

[13] Lewis Sperry Chafer.*Teología Sistemática*, Tomo II, p. 505.

misma voluntad, de la misma mente, tiene el mismo poder, el mismo honor, y recibe contigo la adoración de todos".

"Por lo tanto, si a ti te place, oh Señor, bautízame a mí que soy el Bautista. Tú me hiciste nacer. Extiende tu venerable mano derecha, la cual has preparado para ti mismo, y coróname con el toque de tu mano como heraldo de tu reino, para que, como heraldo coronado, pueda yo predicarles a los pecadores, exclamando ante ellos: *"He aquí el Cordero de Dios que quita el pecado del mundo ..."*

Y podemos leer lo que Cristo contesta: "Es necesario que sea yo bautizado ahora con este bautismo, y que luego Yo confiera a los hombres el bautismo de la Trinidad. Préstame tu mano derecha oh Bautista, para este servicio... toma mi cabeza que recibe la adoración de los serafines. Bautízame, así como Yo he de bautizar a todos los que creen en mí con agua, con Espíritu Santo y fuego; con agua, que es capaz de lavar la suciedad del pecado; con el Espíritu, que puede hacer que lo terrenal se haga espiritual; con fuego, que consume por naturaleza las impurezas de las transgresiones. Habiendo oído el Bautista estas palabras, extendió su diestra temblorosa, y bautizó al Señor[14].

D. Su ascendencia sacerdotal

¡Qué enorme privilegio el que tuvo Juan! No se puede pasar por alto el hecho de que el Bautista era hijo del sacerdote Zacarías de la clase de Abías, y que la madre de Juan, Elizabet, era descendiente directa de Aarón (Lc. 1:5). Por lo tanto, Juan era sacerdote por derecho, pero no fue consagrado para tal ministerio; legalmente él era sacerdote como lo fueron los del Antiguo Testamento (AT), lo cual tiene gran significado en relación con el ministerio del bautismo; aunque los sacerdotes usualmente no bautizaban. ¡Qué buena elección hizo Nuestro Padre celestial! Por medio de un hombre

---

[14] *Ibid*, p. 507.

con cualidades tan excepcionales vino a ser bautizado el Hijo de Dios; el Bautizador.

II. RAZONES DE SU BAUTISMO

A continuación, se presentan tres razones de sobresaliente importancia:

A. Se bautizó para inaugurar su ministerio público

El bautismo marcó el inicio de una nueva etapa de su vida de servicio. Jesús dejaba su vida hogareña para entrar de lleno en su ministerio. Su bautismo era como una ordenación al ministerio. Así se presentaría como el Siervo de Dios[15].

Al respecto William Barclay agrega:

"Durante treinta años Jesús había estado esperando en Nazaret, cumpliendo fielmente con los deberes sencillos del hogar y del taller de carpintería. Durante todo ese tiempo sabía que el mundo lo estaba esperando. Día a día iba en aumento su conciencia de estar a la espera. El éxito de cualquier empresa está en gran parte determinado por la sabiduría con que se escoja el momento de lanzarse a ella. Jesús debe haber estado esperando la hora de 'dar el golpe', el momento justo y apropiado, el sonido de las trompetas que lo convocaran a la acción. Y cuando apareció Juan supo que había llegado ese momento"[16].

B. Se bautizó para identificarse con el movimiento de Dios

En el tiempo de Cristo ningún judío acostumbraba a bautizarse. Por el hecho de ser miembro del pueblo elegido o hijo de Abraham, se creía que su salvación y santidad estaban aseguradas. Ellos consideraban el bautismo como algo necesario sólo para los prosélitos que entraban de otras religiones al judaísmo.

---

[15] Pablo Hoff. *Se hizo hombre,* p. 67.
[16] William Barclay. *Comentario de Mateo, Vol. 1,* pp. 65, 66.

Mas cuando llegó Juan con un mensaje directo y penetrante a la conciencia de todos sus oyentes, tanto prosélitos como judíos acudieron a confesar públicamente sus pecados y a ser bautizados por él. Barclay sigue afirmando que, por primera vez en su historia, los judíos se habían dado cuenta de su propio pecado y de su propia clamorosa necesidad de Dios. Nunca, después del cautiverio Babilónico, se había visto tan excepcional movimiento nacional de penitencia y búsqueda de Dios.

Este era precisamente el momento que Jesús esperaba. Los hombres estaban conscientes de sus pecados y de su necesidad de Dios como nunca. Esta era su oportunidad; con el bautismo, Jesús se identificó con la búsqueda de Dios por parte de los hombres. Cuando Jesús llegó a ser bautizado, se identificaba con los hombres que había venido a salvar, en el preciso momento en que éstos, con una nueva conciencia de pecado, buscaban a Dios.

La voz que Jesús escuchó en el momento de su bautismo es de suprema importancia. El Padre desde el cielo exclamó: *"Este es mi Hijo amado, en quién tengo complacencia"*. Esta oración está compuesta de dos citas: *"Este es mi Hijo amado"* pertenece al Salmo 2:7. Todos los judíos aceptaban este Salmo como una descripción del Mesías, el poderoso Rey de Dios que había de venir. *"En quien tengo complacencia"* es una cita de Isaías 42:1, que es una de las descripciones del Siervo sufriente, y es parte de una serie que culmina en el capítulo 53. De manera que el bautismo de Jesús es confirmado en dos certezas: la certeza de que verdaderamente era el escogido por Dios, y la certeza de que el camino que tenía por delante era el de la cruz. En ese momento supo que había sido elegido para ser Rey, pero también que su trono había de comenzar en la cruz. Supo que estaba destinado a ser un conquistador, pero también que su conquista habría de tener como arma única el poder del amor sufriente. En aquel momento Jesús se vio frente a su tarea, como el único medio de que disponía para cumplirla[17].

C. Se bautizó para *"que se cumpliera toda justicia"* (Mt.3:15)

Realmente, ¿qué significaban estas palabras? Veamos cuando menos tres opiniones:

---

[17] *Ibid*, pp. 66, 67.

1. Fue el cumplimiento de la profecía que: *"fue contado entre los pecadores"* (Is. 53:12) y su disposición de llevar toda la carga del pecado sobre sí.

   Tenemos la opinión de Pablo Hoff expresada en su libro: *Se hizo hombre* cuando menciona que en Su bautismo Cristo se identificó con su pueblo, y fue bautizado juntamente con los que formaban parte de aquella multitud, cumpliendo así la profecía de que: *"fue contado con los pecadores"* (Is. 53:12) y que al unirse con los pecadores, demostraba su disposición para llevar toda la carga del pecado sobre sí, y así cumplir *"toda justicia"*, y que en cierto sentido, su bautismo fue el momento en que aceptó la cruz como la forma de redimir a la humanidad pecadora [18]. (ver 2 Co. 5:21)

2. La consagración pública a Dios.

   La Biblia de Estudio Pentecostal en el capítulo tres de Mateo, al pie de la página comenta que la primera razón de Cristo para bautizarse fue para *"cumplir toda justicia"* y nos refiere a los pasajes de:

   - Levítico 16:4, donde se ordena que el sacerdote, para ofrecer expiación, tenía que lavarse el cuerpo con agua y luego ofrecer sacrificio.
   - Gálatas 4:4,5 afirma que, Cristo nos redimió de la maldición de la Ley y por él recibimos la adopción como hijos de Dios.

   Agrega que mediante el bautismo Cristo, se consagró públicamente a Dios y de esa manera cumplió el requisito de justicia de Dios[19].

3. Para que Juan presentara al Mesías como Sacerdote, Profeta y Rey, que ha cumplido con todos los requisitos para cada oficio.

Finalmente, Chafer en su libro: *Teología Sistemática, Tomo II*, menciona que una de las comisiones que Dios le dio a Juan, fue presentar al Mesías como Sacerdote, Profeta y Rey, y que Cristo cumplió estrictamente todos los requisitos de la Ley para desempeñar cada uno de estos oficios. Esto es

---

[18] Hoff, *Op. Cit.* p. 67.
[19] Donald, C. Stamps. *Biblia de Estudio Pentecostal,* p. 1279.

lo que constituye el cumplimiento de toda justicia [20], y cita Romanos 8:3 y 4: *"Porque lo que era imposible para la ley, por cuanto era débil en la carne, Dios, enviando a su Hijo en semejanza de carne de pecado y a causa del pecado, condenó al pecado en la carne, para que la justicia de la ley se cumpliese en nosotros"*

Se puede deducir que: *"cumplir toda justicia"*, se refiere a satisfacer plenamente los requisitos y demandas divinas necesarias antes mencionadas para la salvación de la raza humana.

III. EL BAUTISMO CRISTIANO

La sumisión de Cristo al bautismo era su perfecta dedicación a su misión que le identificara con los pecadores. El hecho de que el Señor se sometiera al bautismo es suficiente garantía para la práctica de esta ordenanza cristiana[21]. Si Cristo realizó un acto de sumisión al bautizarse para identificarse con los pecadores, el creyente debe practicar el bautismo cristiano para identificarse plenamente con Jesús en obediencia a este mandato. Cristo ordenó que hagamos discípulos y que los bautizáramos, Mateo. 28:18-20 y Marcos 16:15,16. El no hacerlo equivale a vivir una vida cristiana con una notoria falta de entrega al compromiso de seguirle. Es pertinente considerar dos aspectos importantes del bautismo cristiano: Su significado y la manera de practicarlo.

A. Significado

1. Significa unión con Cristo.

"Todos los que fuisteis bautizados en Cristo os habéis revestido de Cristo" (Gá. 3:27). El revestirse de Cristo denota recibirlo, estar en Cristo, y de esa manera hacerse uno con él. En la enseñanza Paulina, ya que Cristo es el Señor crucificado y resucitado, el bautismo significa unión con Cristo en sus actos de redención; e incluye la idea de ser colocado al lado de él en la tumba y ser uno con él en la tumba y ser uno con él en la resurrección (Ro. 6:1-5 y Col. 2:11,12), y así participar de

---

[20] Chafer, *Op. Cit.,* pp. 510, 511.
[21] A. Elwood Sanner, Et. Al. *Comentario Bíblico BEACON,* Tomo VI, p. 280.

la nueva creación iniciada por su resurrección (2 Co. 5:17) en la anticipación del reino final (Col. 3:1-4). Significa, además, la unión con Cristo y con su cuerpo que es la Iglesia, porque *"estar en Cristo"* es ser uno con todos aquellos que están unidos a él (Gál. 3:26-28, 1 Co. 12:12,13)[22].

2. Significa andar en una vida de obediencia a Dios.

De esta forma lo indica el concepto principal de Romanos 6:4: *"Por el bautismo fuimos sepultados juntamente con él ... para que ... también nosotros andemos en novedad de vida"*. Esto se ilustra también en forma clara en Colosenses 3:1-17. Dios a través del apóstol Pedro nos amonesta que vivamos en obediencia: *"Como hijos obedientes, no os conforméis a los deseos que antes teníais estando en vuestra ignorancia; sino, como Aquel que os llamó es santo, sed también vosotros santos en vuestra manera de vivir; porque escrito está: Sed santos, porque yo soy santo"* (1 Pd. 1:14-16).

3. Significa nuestra identificación con Cristo en su muerte y resurrección.

Este significado es importantísimo, aunque lo citamos brevemente con anterioridad, ya que esto es lo que creemos como Iglesia Cristiana Evangélica; practicamos y enseñamos especialmente esto cuando adoctrinamos a los candidatos al bautismo. Es una identificación con Cristo en su muerte y resurrección; ya que morimos al pecado y resucitamos a una nueva vida con él (Ro. 6:3-5)[23].

Esta postura evangélica tradicional, de la identificación del creyente con Cristo en el acto de ser bautizado en agua lo respaldan los siguientes autores:

o   Fergurson, en su *Nuevo Diccionario* lo afirma, p. 120.

---

[22] Sinclair B. Fergurson, *Et. Al. Nuevo Diccionario de Teología*, p. 120.
[23] Juan Rojas. *Diccionario Popular de la Biblia*, p. 39.

o   Wilton M. Nelson, en su *Diccionario Ilustrado,* dice lo mismo, p. 73.
o   Juan Rojas, en su *Diccionario Popular de la Biblia*, lo ratifica de igual forma, p. 39.

Esta ordenanza y la de celebrar la comunión a través de la Santa Cena, fueron las que Jesús dejó a sus discípulos y a su Iglesia, a fin de cumplir con la Gran Comisión que en síntesis consiste en: Alcanzar, discipular, bautizar y participar los nuevos creyentes en el servicio y en la comunión.

B. La manera de practicarlo

Se define al bautismo como la acción de bautizar y se expresa en el Nuevo Testamento (NT) con el verbo griego *baptidzo* (intensivo de *bápto*), y sus derivados, que significa introducir en el agua, sumergir en el agua[24].

J. D. Douglas, en su *Nuevo Diccionario Bíblico*, menciona que el bautismo enseñado por el apóstol Pablo se realiza por inmersión [25]. Aún más, el *Diccionario Larousse* menciona que el verbo bautizar proviene de la palabra latina *baptizare*, que significa "sumergir"[26].

¿Para qué citar estas comparaciones? Porque en la actualidad existen diferentes creencias con respecto de la forma de llevar a cabo este mandamiento. Incluso algunos alegan que no existen bases para afirmar que el bautismo cristiano debe practicarse por inmersión. Sin embargo, lo citado anteriormente sirve como base que refuerza que el bautismo se debe practicar en esta forma. En el caso excepcional de que alguien esté gravemente enfermo, y que no sea posible sumergirlo en agua, a criterio del oficiante, se le puede administrar el bautismo por aspersión, cuando no haya suficiente agua para llevar a cabo el bautismo (Jn. 3:3).

C. La diferencia entre el bautismo de Juan el Bautista y el bautismo cristiano

Antes de concluir este tema, conviene señalar la diferencia entre estos dos bautismos. El bautismo de Juan era como una adaptación de los

---

[24] Wilton, M. Nelson. *Diccionario Ilustrado de la Biblia*, p. 72.
[25] J. D. Douglas. *Nuevo Diccionario Bíblico, p.168.*
[26] Ramon Garcia Pelayo y Gross. *Diccionario Pequeño Larousse Ilustrado*, p. 140.

lavamientos rituales de los judíos, y era primeramente, un bautismo de arrepentimiento (Mt. 3:11 y Mr. 1:4). También era un acto preparatorio y simbólico que alistaba a los bautizados para el ministerio de aquél que había de venir[27]. El bautismo cristiano, en cambio, marca el comienzo de una vida en comunión con Dios; Saulo una vez convertido, de inmediato fue bautizado (Hch. 22:16). Es una ceremonia solemne de ingreso a la comunidad cristiana (Hch. 2:41, 42). Se hacía (y se hace aún hoy) con imposición de las manos del ministro para expresar en forma gráfica la aceptación del que se bautiza por parte de la comunidad de aquellos que, como él, creen en Jesús como su Señor y Salvador personal (Hch. 8:14-17 y 10:47)[28]. Algunos maestros seculares bautizaban a sus discípulos como una forma de que estos últimos se identificaban con las creencias de los primeros. Otra diferencia es que el bautismo cristiano, se administra con la fórmula trinitaria dada directamente por Cristo en la Gran Comisión, (Mt. 28:18-20) antes de ascender al cielo.

Al principio, en la introducción, dejamos una pregunta que todavía no se ha contestado, sobre el por qué Cristo pidió a Juan que lo bautizara, si ese bautismo era de arrepentimiento.

Es muy cierto que Cristo no necesitaba arrepentirse de pecados que él mismo no había cometido; pero mediante el ministerio de la predicación de Juan, se inició un movimiento popular de regreso a Dios; y Jesús estaba decidido a identificarse con ese movimiento que se orientaba hacia Dios [29].

Cuando Jesús vio esto, supo que su hora había llegado. No era que tuviera conciencia de pecado y que necesitara arrepentirse; más bien supo esperar el tiempo de Dios[30]. Cristo fue ético y ordenado, no empezó a ministrar ni antes ni después del tiempo que el Padre tenía decretado. Una vez bautizado percibió que llegó el momento del Señor para entrar en plena acción.

---

[27] Douglas *Op. Cit.* pp. 166, 167.
[28] *Ibid*, p.167.
[29] William Barclay. *Comentario de Marcos*, Vol. III, p. 29.
[30] Ibid, *Comentario de Lucas*, Vol. IV, p. 41.

APLICACIÓN

El bautismo cristiano requiere y es precedido por el acto de arrepentimiento (gr. metanoeo), el cual significa *un cambio de la manera de pensar*. Asimismo, representa el ingreso a la nueva comunidad por la comunión, el cual también significa *un cambio de relación*. Es decir, se inicia una nueva relación con Cristo y a partir de ello con otros. Tanto el bautismo como la práctica de la Santa Cena ayudan para identificarse plenamente con Aquél a quien se está sirviendo, y del cual se da testimonio público de su fe en él. En síntesis, el creyente salvo experimenta tres cambios relacionales: para con Dios, consigo mismo y para con los demás.

CONCLUSIÓN

Juan el Bautista tuvo el privilegio de bautizar al Bautizador ya que poseía algunas cualidades excepcionales que lo distinguieron para recibir este alto honor. Cristo se bautizó a fin de sujetarse a la voluntad de Dios y agradar en todo al Padre. Cada creyente fiel, con este mismo propósito y actitud, debe practicar esta ordenanza también. El bautismo cristiano tiene profundo significado y debe practicarse por inmersión y en forma consciente.

CAPÍTULO 3

LAS ENSEÑANZAS DE CRISTO

"EL MEJOR MAESTRO DE TODOS LOS TIEMPOS"

No es fácil presentar las enseñanzas de Jesús en forma sistemática, ya que ellas no fueron impartidas en forma de un tratado ordenado, sino que fueron impartidas en una variedad de encuentros y situaciones de la vida real. Aquí únicamente el enfoque se hará en cuanto al estilo de Cristo al enseñar, el contenido de lo que él enseñaba y el propósito por el cual él enseñaba.

Mateo nos informa que el ministerio de Jesús abarcó tres aspectos: enseñanza, predicación y sanidades (Mt. 4:23). El más importante de estos tres aspectos fue el de la enseñanza. Stalker observa que: "Sus milagros no eran más que las campanas que llamaban al pueblo a oír sus palabras". La continua asociación de las palabras "enseñanza" y "Maestro" al Señor indica ante todo que él era nuestro gran Maestro, y que el Evangelio promete instruir al hombre y quitarle el velo de la ignorancia en cuanto a las cosas divinas y morales.

Nada ha arrojado más luz sobre la vida práctica del hombre y su relación con Dios que las enseñanzas y la predicación del Hombre de Galilea. En sus discursos Jesús pronunciaba palabras tan sublimes, de tan profundo significado y tan llenas de autoridad propia, que sus oyentes quedaban atónitos de su doctrina (Mt. 7:28). Uno de ellos exclamó: *"¡Jamás hombre alguno ha hablado como este hombre!"* (Jn. 7:46). Jesús es el Maestro por excelencia[31].

---

[31] Pablo Hoff. *Se hizo hombre,* p. 97.

I.   LA EDUCACIÓN RELIGIOSA DE SU TIEMPO

A.   Enfatiza la memorización de la Ley (Éx. 20) y la tradición oral (Mt. 5:33, 38,43)

En el tiempo de Cristo, la educación judía consistía principalmente en aprender de memoria porciones de las Escrituras y en el aprendizaje de las interpretaciones tradicionales contenidas en la Ley Oral. El tipo de la educación bajo Jesús no consistió en memorizar un código de ética que él hubiera podido hacer para sus seguidores. En lugar de eso, animó y estimuló a sus discípulos a pensar por sí mismos. Desarrolló en sus seguidores la habilidad para resolver los problemas que la vida les presentaba [32].

La educación religiosa judía hacía énfasis y aún demandaba la práctica de la Ley tanto como el dominio de su contenido. Nadie podía acusar al judío promedio, y ciertamente menos a los fariseos, de cualquier falta en la observancia de los requisitos religiosos. Mientras esto era un objetivo valioso, desafortunadamente parece que una mera conformidad externa a la Ley llegó a ser el principal propósito del judaísmo legal. Tanto el énfasis como el método en la educación fracasaron. En muchas oportunidades hubo la práctica sin la debida motivación, y la observancia sin el espíritu[33].

B.   Su interés se basaba en las acciones externas de la gente más que en un cambio de corazón. Se preocupaban más en el_ hacer que en el ser

El interés principal en la educación de ese entonces se basaba principalmente en las acciones externas. Se enseñaba que el cumplimiento de la Ley ceremonial era contado por justicia, sin importar el motivo o espíritu detrás de él. En uno de los encuentros de Cristo con los escribas y fariseos a causa de que (supuestamente) falló en su Ley ceremonial, Jesús dijo: *"Íd, pues, y aprended lo que significa: Misericordia quiero y no sacrificio"* (Mt. 9:13). Jesús estaba aquí acusando a los maestros de la Ley, de ignorar su esencia de esa forma sugiere el profeta menor en Oseas 6:6. A.T Robertson dice que: *"Íd, pues, y aprended"* era una fórmula

---

[32] Fidley B. Edge. *Pedagogía Fructífera*, p.13.

[33] *Ibid,* p.14.

común, y el uso de ésta por Jesús como rabí hacía su enseñanza con una fuerza adicional y aún punzante. Uno puede imaginarse la indignación de aquellos maestros judíos cuando escuchaban a uno que nunca había asistido a las escuelas rabínicas, acusarles de ignorancia de la Ley, por la cual habían gastado su vida estudiándola[34].

II. SU ESTILO DE ENSEÑANZA

Como buen maestro, el Señor Jesús empleaba aquellas formas de lenguaje y expresiones que comunicaron mejor la verdad a sus contemporáneos. También sabía variar sus métodos según el tema, la ocasión, la capacidad y preparación de sus oyentes, pasando por toda la gama de posibilidades de expresión verbal, desde la máxima sencillez de las ilustraciones caseras, hasta la sutileza dialéctica de las discusiones en el templo, o incluso las majestuosas resonancias del estilo apocalíptico (por ejemplo Mt. 24:28).

A. Jesús empleaba un estilo gráfico y vívido

1. Representaba las verdades abstractas en forma concreta.

Empleaba imágenes verbales (ejemplificaciones), figuras retóricas, ilustraciones, comparaciones y parábolas para enseñar la ética y los aspectos celestiales. Así era como sus oyentes entendían su pensamiento y lo grababan en sus mentes. Por ejemplo, no dijo que: "el materialismo era un estorbo para la vida espiritual", sino que: "*Ninguno puede servir a dos señores... No podéis servir a Dios y a las riquezas*" (Lc. 16:13). En vez de referirse a Herodes como un hombre astuto, lo llama "*aquella zorra*" (Lc. 13:32).

2. Usaba ejemplos de la vida diaria.

En sus enseñanzas abundan los ejemplos tomados de la vida familiar, de las costumbres religiosas y de las maravillas de la naturaleza, como las aves, las flores (Mt. 6:25-34), los árboles (Lc. 6:43,44) y el clima (Mt. 16:2,3). El Señor Jesucristo era un gran observador de todo cuanto sucedía

---

[34] *Ibid*, pp. 17, 18.

alrededor de él; todo cuanto veía y oía, lo utilizaba para ilustrar y hacer más gráfica su enseñanza.

No era de extrañarse que la gente se quedara encantada al escuchar sus enseñanzas y predicación. Todo líder y maestro evangélico debe imitar las técnicas del gran Maestro.

Jesús exponía sus enseñanzas en forma vívida. Hacía uso de hipérboles o sea exageraciones para impresionar el espíritu y aumentar la fuerza de una verdad. Así fue que de esta forma señaló la hipocresía de los fariseos al decirles: *"Guías ciegos, que coláis el mosquito y tragáis el camello"* (Mt. 23:24). Así mismo también les dijo: *"Por lo tanto, si tu ojo derecho te es ocasión de caer, sácalo y échalo de ti... Y si tu mano derecha te es ocasión de caer, córtala y échala de ti..."* (Mt. 5:29,30). Es obvio que no quería que los creyentes lo hicieran literalmente, sino que trataba de hacer resaltar la gravedad de esos pecados. Las frases *"sácalo", "córtala y échala de ti"*, se refieren al hecho de sacar del corazón ese hábito malo a fin de no continuar pecando contra Dios.

B. A veces se valía de preguntas y respuestas para enseñar

Jesús sabía que las verdades no se asimilan sin la participación de quien aprende, y que es necesario no sólo instruir, sino hacer pensar y desafiar al discípulo a tomar una acción en base a lo aprendido. A veces sus preguntas sondeaban las profundidades de los problemas humanos. Él preguntaba: *"¿Qué aprovechará el hombre, si ganare todo el mundo, y perdiere su alma?"* (Mt. 16:26). Al contar la parábola del buen samaritano hizo la pregunta: *"¿Quién pues, de estos tres te parece que fue el prójimo del que cayó en manos de los ladrones?"* (Lc. 10:36). Al menos en una ocasión, contestó una pregunta capciosa de sus adversarios haciéndoles otra pregunta que los obligó a callar. Le habían dicho: *"¿Con qué autoridad haces estas cosas? Y ¿quién te dio esta autoridad?"*. Entonces él contestó: *"El bautismo de Juan, ¿de dónde era? ¿Del cielo o de los hombres?"* (Mt. 21:23-27). Una característica común en las preguntas de Jesús era que colocaba siempre a sus oyentes ante la necesidad de hacer una decisión clara y definida, especialmente en aquellas preguntas que se referían a él mismo. Por ejemplo: *"¿Quién dicen los hombres que soy yo? ... y vosotros ¿quién decís que soy?"* (Mr. 8:27,29).

C. Utilizaba lecciones objetivas

Lo vemos colocar a un niño en medio de sus discípulos para enseñarles lo importante que son la humildad y la fe (Mt. 18:1-6), y señalar la ofrenda de una viuda pobre para indicar el verdadero espíritu de generosidad (Lc. 21:1-4). En cierta ocasión maldijo una higuera estéril para hacer hincapié en que es necesario llevar fruto y tener fe (Mr. 11:12-14; 20-25). Tal vez la lección objetiva más dramática que empleó el Señor fue el gesto de lavarles los pies a sus discípulos[35].

Una característica de la enseñanza de Jesús es que no la impartía en forma de conferencias académicas. Surgía de encuentros personales, de preguntas que le hacían sus interlocutores, de debates con las autoridades religiosas (generalmente iniciados por ellas), de la necesidad de instruir a sus discípulos en vista de su pasión y muerte, y del papel que les iba a tocar en la continuación de su ministerio. La verdad es que Jesús pronunció algunas "conferencias" ante las multitudes (por ej. Mr. 6:34). Pero los discursos cuidadosamente estructurados que encontramos en los evangelios (por ej. El Sermón del Monte de Mateo 5-7, y los que figuran en el Evangelio de Juan) constituyen todos, evidentemente, compilaciones posteriores de los dichos de Jesús, y no transcripciones literarias de sus discursos [36].

Por lo que se puede observar, obviamente el estilo de Jesucristo al enseñar fue muy peculiar, como también lo fue el contenido de su enseñanza.

III.   EL CONTENIDO DE SU ENSEÑANZA

Entre otros asuntos que Cristo enseñó, resaltan dos temas centrales:

A. El reino de Dios

1.   El reino de Dios llegó con Jesús.

El concepto del reino de Dios ocupa un lugar destacado en las enseñanzas de Nuestro Señor Jesús. Él comenzó su ministerio predicando: ***"El reino de Dios se ha acercado"*** (Mr. 1:15). Mateo empleó la expresión:

---

[35] Hoff, *Op. Cit.,* pp. 98-100.
[36] J. D. Douglas. *Nuevo Diccionario Bíblico,* p. 712.

"el reino de los cielos" para presentar la misma idea, porque escribía principalmente para los judíos, y a éstos les parecía que tenía demasiada autoridad la palabra "Dios".

¿Qué significaba la expresión *"reino de Dios"*? En el AT los profetas hablaron muchas veces del reino futuro de Jehová, un reinado Mesiánico y universal de justicia, paz y prosperidad. Los judíos creían que Dios establecería un reinado material y que reinaría sobre las naciones paganas a través del Mesías y de la nación judía. La noción del reino de Dios que se encuentra en los discursos de Jesucristo difiere mucho de la idea que prevalecía entre los judíos.

Es un reino que llega con Jesús, y que él viene a instituir. En cierto sentido, la persona de Jesús constituye en sí misma el reino de Dios entre los hombres (Mt. 4:17; 12:28; Lc. 17:20).

Todo reino necesita tener un rey, un dominio y súbditos. En Cristo Rey, el reino se convierte en una realidad presente. Sin embargo, no es un reino político, territorial o temporal. Jesús afirma: *"Mi reino no es de este mundo"* (Jn. 18:36). Con todo, tampoco es un reino solamente moral y espiritual, abstracto y enteramente ultraterrestre. Se está refiriendo a la soberanía o mejor aún el gobierno de Dios en el corazón humano. Así lo expresa el Padrenuestro: *"Venga tu reino. Hágase tu voluntad, como en el cielo, así también en la tierra"* (Mt. 6:10). Dondequiera que haya hombres que hagan la voluntad de Dios se encuentra el reino, o más bien el reinado de Dios[37].

2. Jesús ejemplifica el reino de Dios.

Él enseña que el reino de Dios es como la semilla de mostaza, que crece en una manera extraordinaria; como la levadura, que transforma internamente la masa aumentándola de volumen; como un tesoro escondido o la perla preciosa, hablando de su gran valor, y también como una red que recoge toda clase de peces, buenos y malos (Mt. 13:31-52).

3. Él habló del reino presente y del reino futuro.

Aunque el reino de Dios haya llegado en la persona de Jesús, y se desarrolla en el tiempo presente, no se limita únicamente a esta época. Tendrá una

---

[37] Hoff, *Op. Cit.*, p. 101.

consumación futura. Nuestro Señor habla de un suceso situado en el porvenir: *"Algunos de los que hayan visto el reino de Dios venido en poder"* (Mr. 9:1), el cual se relaciona con su segunda venida (Mr. 8:38; Mt. 25:1). Al venir nuevamente Jesús, se establecerá el gobierno de Dios sobre todo el mundo. Por lo tanto, el reino tiene dos aspectos: El presente y el futuro.

Se compara el reino a la fiesta de bodas de un rey oriental (Mt. 22:1-14). Los súbditos del reino disfrutan de todas las bendiciones divinas: perdón, salvación y vida eterna. Entran en el reino al arrepentirse y creer en el Hijo de Dios (Mr. 1:14, 15; Jn. 3:1-16). Los milagros de Jesucristo, en especial la expulsión de demonios, atestiguan el hecho de que el gobierno soberano de Dios está alcanzando al hombre (Mt. 12:38). El triunfo final del Reino es escatológico y comprende la derrota y *"el juicio de Satanás y sus ángeles"* (Mt. 25:41). Entonces Cristo será entronizado y reinará eternamente con los santos (Mt. 25:31; Lc. 19:11-27).

B. Dios el Padre

1. La vida espiritual del creyente se basa en la Paternidad de Dios.

Otro tema importante es que Dios es el Padre de su pueblo; en particular, del creyente. Puesto que la vida espiritual de los seguidores de Cristo se basa en la paternidad de Dios, Jesús les enseña a llamarle a Dios: *"Padre nuestro"* en su oración (Mt. 6:26-32), y pueden orar con verdadera fe en él (Mt. 7:7-11; Lc. 11:9-13). Como Padre que es, conoce las necesidades de sus hijos y cuida de ellos; no es necesario preocuparse tanto de las cosas de la vida (Lc. 12:4-7; 22-32). Puesto que Dios es un Padre de misericordia y gracia, el peor de los pecadores sigue teniendo una esperanza si se arrepiente [y se acerca a Dios], él lo recibirá como al hijo pródigo y lo restaurará a la vida familiar (Lc. 15:11-33). Por otra parte, puesto que Dios es perfecto en amor y gracia, sus hijos deben de imitarle en esto a él (Mt. 5:43-48)[38].

2. Enseñó que podemos confiar en el cuidado Paternal de Dios.

Entrar en el reino de Dios, por lo tanto, es esencialmente aceptar la soberanía de Dios, lo que implica una nueva relación con él. Por ello Jesús

---

[38] *Ibid,* pp. 101, 102.

enseñó a sus seguidores, a aquellos que por medio de su ministerio entraban en el reino de Dios, a considerar a Dios como su Padre. Esta imagen tan personal de la relación entre el discípulo y Dios aparece frecuentemente en los Evangelios, y es una de las características más distintivas y novedosas de las enseñanzas de Jesús. Les enseñó a dirigirse a Dios diciendo: "*Padre nuestro que estás en los cielos*" (Mt. 6:9), y a confiar en su cuidado paternal y en su provisión en asuntos tan prácticos como la comida y el vestido, "*porque vuestro Padre celestial sabe que tenéis necesidad de todas estas cosas*" (Mt. 6:25-34). Podían confiar que su Padre los protegería (Mt. 10:28-31) y les proveería todas las cosas buenas (Mt. 7:7-11).

3. Estableció que la paternidad de Dios es una relación específica de amor y de confianza, opuesta a un universalismo o a una religión seca y fría.

Las enseñanzas de Jesús sobre la Paternidad de Dios no configuran, por lo tanto, una declaración general de la benevolencia de Dios para con su creación, sino una relación específica de amor y de confianza a disposición de todos los que han entrado en el Reino. Es algo totalmente opuesto a un universalismo vago o a una simple religiosidad. Lo que Jesús enseñó es cómo tener con Dios una relación íntima y exclusiva [39].

IV.   LOS PROPÓSITOS DE SU ENSEÑANZA

De los distintos propósitos que él tuvo, aquí se considerarán tres principales:

A. Inculcar valores espirituales del Reino

1. Son las fuerzas internas más poderosas del mundo para la formación del carácter.

Los valores espirituales proporcionan la carta y la guía para el curso de la vida. Ellos dominan en gran parte nuestra conducta. Los impulsos instintivos están grandemente dominados por ellos. Una persona joven

---

[39] Douglas, *Op. Cit.*, p. 713.

rehusará beber, fumar o bailar debido a sus ideales. Un joven resistió la tentación de las drogas con sus compañeros por la conciencia de que ninguno de sus antepasados había sido culpable de tal práctica. W. S. Athearn tenía razón cuando dijo: "Los ideales (o valores) son las poleas por las cuales levantamos la naturaleza original a niveles más elevados"[40]. Ellos determinan la eficacia de nuestros anhelos emocionales y nuestras continuas decisiones.

2. Jesús enseñó valores rectos.

Él Maestro los enseñó en el sermón del monte, especialmente en las Bienaventuranzas, las cualidades y prácticas que deben caracterizar a un ciudadano del Reino, en la vida privada y en sus relaciones públicas. Amonestó a la gente en contra del orgullo, la codicia, la ira contra los hermanos, y la mirada masculina lasciva que codicia a una mujer.

3. Jesús enseñó el camino al Reino de los cielos.

Cuando Jesús afirmó que él es *"el camino la verdad y la vida"* (Jn. 14:6) Este texto bíblico enfatiza que: "Jesús no es un simple camino más entre muchos que llevan a Dios, sino él es el único [camino] (cf. Hch. 4:12; Heb. 10:19-20). En la iglesia apostólica a la fe cristiana se le llamaba «Camino» (p. ej. Hch. 9:2; 199,23). La verdad, la idea clave de este evangelio. La vida, es la idea clave de este evangelio, ya que se encuentra aquí 37 veces. La vida es el don de Cristo (Jn. 10:28), y él es en realidad la «vida» misma"[41]. Su propósito al enseñarnos se hace más claro cuando habla del Reino de los cielos.

Según el Evangelio de Mateo esta frase aparece 33 veces[42]. Cuando dice en Mateo 4:17 que: *"el reino de los cielos se ha acercado"*, se refiere a que Dios se acercó en la persona y ministerio de Jesucristo[43]. Frecuentemente Jesús utilizó parábolas para realzar la importancia del reino de los cielos como nuestra morada eterna. Lo hizo cuando lo relacionó con la parábola

---

[40] Hoff, *Op. Cit.*, p. 60.
[41] Luciano Jaramillo. *La Biblia de Estudio, NVI*, p. 1702.
[42] *Ibid*, p. 1513.
[43] *Ibid*, p. 1517.

del trigo y la cizaña (Mt. 13:24), con la semilla de mostaza (13:31), con la levadura (13:33), con el tesoro escondido (13:44), con la perla de gran precio (13:45), con la red grande (13:47) con un rey que se fue a tierras lejanas (18:23), con un padre de familia (20:1) y finalmente Mateo cierra con la parábola de las 10 vírgenes para resaltar la importancia de que "el creyente fiel debe estar listo para irse con Cristo al cielo"[44]. Por esta razón fue que él puso énfasis en ilustrar el lugar donde su Iglesia estará con Jesús por la eternidad.

B. Fijar convicciones firmes

1. Reconoció la necesidad de despertar el sentimiento, desarrollar actitudes y afectar la voluntad.

Jesús no se conformó con impartir solamente el conocimiento acerca de los asuntos morales y espirituales. Sabía muy bien que la información por sí sola era insuficiente para vencer los impulsos instintivos y el mal ambiente. Uno puede saber mucho acerca de los males de la perversión del sexo, los perjuicios del licor o drogas, los peligros de los juegos de azar y, sin embargo, entregarse a cualquiera o a todos estos vicios que lleva a la adicción segura.

El Maestro quiso fijar una profunda convicción, y a la misma vez implantar la verdad en el corazón de sus oyentes. En otras palabras, él reconoció la necesidad de despertar el sentimiento y desarrollar buenas actitudes. Su meta principal era llegar a la voluntad. él reconoció, al igual que nosotros, que debe haber calor (el fuego del Espíritu), lo mismo que luz (de la enseñanza), para que la verdad sea más efectiva. Aunado a esto se debe desarrollar el sentido del deber. Como dice W. A. Squires: "El trató con la vida como un todo, no solamente con el proceso del pensamiento de sus discípulos. El nutrió la vida emocional, lo mismo que la intelectual de sus discípulos"[45]. Con este propósito procuró despertar el interés en los temas lo mismo que comunicar la información acerca de ellos. Con frecuencia encontramos estas palabras en sus labios: *"¿Qué os parece?"*

---

[44] Warren, W. Wiersbe. *Bosquejos de la Biblia Nuevo Testamento, Tomo III, Mateo-Juan,* p. 80.
[45] Hoff, *Ibid,* p. 60.

(Mt. 18:12) y *"¿Qué pensáis del Cristo?"* (Mt. 22:42). Así como estimuló la reflexión posterior en un asunto, despertó el interés y la convicción se hizo más profunda.

    2.   Apeló a la mente, a los sentimientos y desafió a actuar.

Las enseñanzas de Jesús podían convencer a la mente más culta, como a la más iletrada. Aunque muchos rechazaron su enseñanza, no por ser mal maestro, sino por su manera de enfrentarnos con nuestra condición pecaminosa. Él no dio meros discursos públicos, lo que proclamaba tenía mucho sentido, pertinencia, poseía valor práctico y peso teológico ya que expresaba con exactitud el pensamiento perfecto y fiel del Padre.

Apeló a los sentimientos de su audiencia como el amor. Un buen ejemplo de ello fue su esfuerzo por profundizar la lealtad de Pedro haciéndole tres veces la misma pregunta: *"¿Me amas más que éstos?"* (Jn. 21:15-17). De la misma manera, apeló al temor y al odio para hacer más profunda la convicción de la realidad del infierno y el odio hacia el pecado. Al discutir el juicio por venir, se refirió a los desobedientes como a aquellos que serán arrojados en las tinieblas de afuera, en donde *"será el lloro y el crujir de dientes"* (Mt. 25:30) [46].

La acción, la aplicación o práctica de lo enseñado por Jesús era su énfasis mayor. Él lo ejemplificó al citar la experiencia de los dos constructores, que edificaron su propia casa, uno en la arena y el otro en la roca firme. Sus palabras fueron enfáticas: *"El que oye estas palabras y las pone en práctica es como un hombre prudente que construyó su casa sobre la roca"* (Mt. 7:24). Las enseñanzas de Jesús no serán eficaces ni tendrán el impacto transformador, a menos que quien las expone, le dé una aplicación práctica para sus oyentes, tal como Jesús lo hizo.

A fin de fijar convicciones firmes Cristo enseñó a la persona en forma integral, es decir, llegó a ella en su totalidad, como lo muestra el siguiente esquema:

---

[46] *Ibid*, p. 61.

LAS ÁREAS EN LAS QUE CRISTO
SE ENFOCABA AL ENSEÑAR

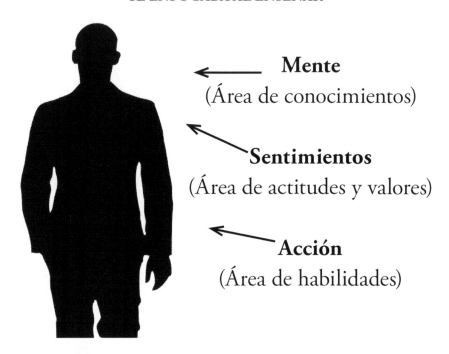

Mente
(Área de conocimientos)

Sentimientos
(Área de actitudes y valores)

Acción
(Área de habilidades)

La enseñanza debe de fortalecer la convicción. El creyente debe ser vigorizado en su interior, por medio de las enseñanzas de Jesús, con el objeto de que esté capacitado para vivir una vida buena en medio de un ambiente malo.

C. Formar un carácter maduro

1. Este era su propósito final.

Los propósitos de Jesús no terminan con una respuesta formal a su enseñanza, ni siquiera con la solución a problemas específicos. Él quiso ir más allá y desarrollar en sus seguidores aquellas virtudes que los capacitarían para vencer sus debilidades y vicios, y para formarse y desarrollar caracteres íntegros. Charles F. Kent expone sus propósitos de la siguiente manera: "Salvar a los hombres de ceder a las tentaciones que se presentan en repetidas ocasiones a todo hombre y mujer; ayudándolos a vencer las pasiones que se ciernen sobre ellos; salvar al altanero recaudador de rentas de su avaricia; a la mujer de la calle, de aquellas influencias que se habían apoderado de ella de una manera casi irresistible". El procuró desarrollar las virtudes positivas como la honradez, la humildad, la pureza, el altruismo, la bondad y el sacrificio que constituyen la nobleza de carácter, firmeza de conducta, y gozo de vivir. El ideal para sus discípulos fue una vida libre de ataduras de pecado [47].

2. Vidas cambiadas, caracteres moldeados, producto de su enseñanza, es lo que dio impulso al Movimiento Cristiano el cual nadie ha podido parar.

Comenzando en una provincia insignificante, con una raza despreciada, proclamado principalmente por un simple puñado de hombres sin estudios avanzados, demandando dominio propio y la renuncia ante lo desconocido y pecaminoso, desafiando todo lo que el mundo incrédulo sostenía, avanzando ante una persecución casi increíble, el Movimiento Cristiano (y su enseñanza) tuvo muchos contratiempos. Sin embargo, la religión no fue un asunto meramente intelectual y obediencia externa de una obra legalista. La religión cristiana era ahora un asunto de vital experiencia en la vida, y ni el poder del Imperio Romano, ni la astucia de Satanás eran capaces de detenerlo. Jesús enseñó y las actitudes de los hombres fueron cambiadas; sus vidas fueron totalmente transformadas y puestas de acuerdo con la voluntad de Dios. Esta era y es la mejor educación religiosa de todos los tiempos [48].

APLICACIÓN

En forma personal, como creyente puedo reconocer que: Al tener a Cristo como mi maestro, me hace recordar que: 1) No existe aprendizaje si no hay práctica de lo aprendido. Cuando la enseñanza de Jesús penetra hasta lo profundo del ser, el hacer no representa mayor problema. 2) La verdadera enseñanza cristiana es la que opera un cambio interno,

---

[47] Edge, *Op. Cit.*, p. 20.
[48] *Ibid,* p. 21.

que se muestra por la práctica de nuestras buenas acciones externas; las cuales desarrollan un carácter espiritual equilibrado. 3) ¡Qué privilegio de aprender del mejor Maestro de todos los tiempos, de Cristo Jesús, y del gran Espíritu Santo quien nos asesora al recordarnos las palabras de Jesús!

CONCLUSIÓN

Cristo es considerado como el Maestro de maestros por su estilo y contenido de su enseñanza. Él enseñó tan bien que supo llegar a la gente y sus vidas fueron cambiadas. Su grandeza como maestro consistía en que su enseñanza fue siempre confirmada con su vida. Él vino y enseñó acerca del Padre y su reino, sus propósitos fueron: Inculcar valores espirituales, fijar convicciones firmes y formar caracteres maduros. Por todo ello Jesús es el Maestro por excelencia de todos los tiempos.

CAPÍTULO 4

LOS NOMBRES DE CRISTO

"EL HOMBRE QUE POSEE MÁS NOMBRES"

Es provechoso conocer los diferentes nombres de Cristo a fin de conocer mejor su parte humana. El Texto Sagrado registra una variedad de ellos tanto nombres como títulos. Aquí se resaltan algunos de los nombres más sobresalientes que aparecen el NT. Nótese cómo en cada uno de ellos se resalta algún aspecto importante de la persona de Jesucristo.

I. JESÚS

"Y dará a luz un hijo, y llamarás su nombre JESÚS, porque él salvará a su pueblo de sus pecados" (Mt 1:21).

El nombre de Jesús significa "salvador" o "salvación". Este es un nombre con el cual se le identifica con su humanidad. Fue utilizado entre los Israelitas tanto en el tiempo del NT, así como en la actualidad es usado por el pueblo cristiano. Otra explicación acertada sobre el nombre de Jesús es que significa «Salvador» y es una versión griega del nombre hebreo «Josué». En el AT hay dos [personas llamadas] Josué bien conocidos: el soldado que guio a Israel en su entrada triunfal a la tierra prometida de Canaán (véase el libro de Josué), y el sumo sacerdote mencionado en Zacarías 2. Cristo es nuestro capitán de salvación, conduciéndonos a la victoria. Él es nuestro gran sumo Sacerdote, representándonos ante el trono de Dios[49].

---

[49] Warren W. Wierbe. *Bosquejos Expositivos de la Biblia, Tomo III Mateo-Juan*, p.16.

II. JESÚS DE NAZARET

"Varones Israelitas, oíd estas palabras: Jesús Nazareno, varón aprobado por Dios entre vosotros con las maravillas, prodigios y señales que Dios hizo entre vosotros por medio de él, como vosotros mismos sabéis" (Hch. 2:22).

La gente reconocía a Jesús como un habitante de Nazaret, ya que creció allí hasta la edad madura. Este era el cumplimiento de la profecía: *"será llamado Nazareno"* (Mt. 2:23). Aunque Jesús era descendiente genuino de David, por su situación histórica y geográfica como habitante de Galilea era despreciado en su obra mesiánica: *"¿Cómo puede el Cristo venir de Galilea? ¿A caso no dice la Escritura que el Cristo vendrá de la descendencia de David, y de Belén, el pueblo de donde era David?"* (Jn. 7:41,42). Pero su destino era identificarse con Nazaret y Galilea (Mt. 2:23). Es de la región de Galilea desde donde comienza su ministerio y predicación acerca del reino de Dios (Mr. 1:14; y Mt. 4:17). Fue allí en Galilea, durante su proclamación inicial en la sinagoga, en que el poder del Espíritu Santo revela por primera vez que él es el Mesías declarado por Isaías (Is. 61:1-2 y Lc. 4:16-21). Su primer milagro, al convertir el agua en vino, lo realizó en Caná de Galilea (Jn. 2:11). Durante su entrada final en Jerusalén, se le identifica sin duda como *"el profeta Jesús de Nazaret de Galilea"* (Mt. 21:10-11). Después de su resurrección, Jesús regresa a Galilea y es desde allí que proclama su Gran Comisión, y encomienda a su iglesia hacer discípulos de todas las naciones (Mt. 28:16-20)[50].

Los judíos de Jerusalén consideraban a los judíos de la región de Galilea como mestizos, ya que esta era una región donde varias culturas y lenguajes convivían con sus pueblos. De modo que un galileo tenía un acento y marca de un mestizaje enriquecido por varias culturas e idiomas. Por esa razón a Jesús lo distinguía su calidad humana, y se identificaba con quienes se encontraban al margen de su propia cultura y fe[51]. A Cristo se le llama Jesús de Nazaret por su actitud abierta de tratar con la gente, y como galileo, seguramente al predicar en Jerusalén, se sintió extranjero en su propia tierra.

---

[50] Alberto L. García. *CRISTOLOGÍA Cristo Jesús: Centro y Praxis del Pueblo de Dios*, p. 27.
[51] *Ibid*, p. 29.

III. EL CARPINTERO

"¿No es este el carpintero, hijo de María, hermano de Jacobo, de José, de Judas y de Simón? ¿No están también aquí con nosotros sus hermanas? Y se escandalizaban de él" (Mr. 6:3). La tradición sostiene que José murió cuando Jesús era aún un joven, y que él asumió las responsabilidades de la carpintería del esposo de su padre de crianza.

El carpintero no era propiamente un título, sino más bien una forma de identificarlo ya que Mateo informa que a Jesús le llamaban «el hijo del carpintero» (Mt. 13:55); sólo en Marcos lo llaman «carpintero» a él mismo. La palabra griega también se puede aplicar a un albañil o a un herrero, pero aquí parece tener su significado habitual. La pregunta es despectiva: ¿No es este un obrero común como cualquier otro? *¿hermano de Jacobo, de José, de Judas y de Simón? "Se escandalizaban a causa de él"* (Lc. 8:19). No veían razón para creer que él fuera diferente a ellos, ni mucho menos que tuviera una unción especial de Dios[52].

IV. EL MESÍAS

"Este habló primero a su hermano Simón y le dijo: Hemos hallado al Mesías (que traducido es el Cristo)" (Jn. 1:41). Aun los que no eran de su propia raza lo identificaron por este nombre; tal fue el caso de la Samaritana cuando le dijo: *"Sé que ha de venir el Mesías, llamado el Cristo; cuando él venga nos declarará todas las cosas"* (Jn. 4:25). Al platicar un poco con él, ella se dio cuenta de que estaba hablando con el mismo Mesías.

Este nombre al igual que el de Cristo significa »El Ungido«. En el AT, la unción apartaba a la persona para una función determinada, o especial la del sacerdote o rey (Compárese. Éx. 40:13-15; 1 S. 16:1,13; 26:11). Pero el pueblo no buscaba a *un* ungido más, sino al *Ungido* por excelencia; al Mesías[53].

---

[52] Luciano Jaramillo. (Ed.) *La Biblia de Estudio NVI*, p. 1578.

[53] *Ibid*, p. 1670.

V.   EL HIJO DE DAVID

En su entrada triunfal la multitud le aclamaba diciendo: *"¡Hosanna al Hijo de David!"* (Mt. 21:15). En otra ocasión anterior a esta, se puede leer sobre Bartimeo el ciego quien: *"oyendo que era Jesús nazareno, comenzó a dar voces, y a decir: ¡Jesús, Hijo de David, ten misericordia de mí!"* (Mr. 10:47). Este título hace referencia a su descendencia real, ya que por sus padres terrenales era descendiente directo del rey David. Los fieles del AT esperaban el cumplimiento absoluto de 2º. Samuel 7:9, 14-16; Salmo 2:7 y Zacarías 9:9. Por ello este título resalta una verdad muy grande en cuanto a su ascendencia davídica y en cuanto a su ministerio.

Este nombre, se dice que: "era una manera popular de referirse al Mesías, ya que se sabía que éste era descendiente del rey David (Is. 9:7). El hecho de que Bartimeo llamara a Jesús «Hijo de David» demuestra que lo reconoció como Mesías. Su fe en Dios como Mesías logró su sanidad"[54].

VI.   EL HIJO DE DIOS

En la misma escena de la crucifixión Mateo narra lo siguiente: *"El centurión y los que estaban con él guardando a Jesús, visto el terremoto, y las cosas que habían sido hechas, temieron en gran manera, y dijeron: Verdaderamente éste era Hijo de Dios"* (Mt. 27:54 compárese con Mt. 14:33) No únicamente los soldados y sus discípulos lo reconocieron como tal, sino aún los demonios lo hicieron también. Se puede notar el ejemplo del endemoniado gadareno; cuando el demonio que estaba poseyéndolo dijo: *"¿Qué tienes conmigo, Jesús, Hijo del Dios Altísimo?"* (Mr. 5:7). Jesús con su autoridad lo sacó a él y a otros tantos que tenían atormentado a ese hombre. El apóstol Juan terminantemente declaró: *"Y yo le vi, y he dado testimonio de que éste es el Hijo de Dios"* (Jn. 1:34).

En el NT este nombre se le aplica a Jesús en diferentes sentidos. (1) *En el sentido oficial o mesiánico,* como una descripción del oficio más bien que de la naturaleza de Cristo. El Mesías pudo ser llamado Hijo de Dios como heredero y representante de Dios. (2) *En el sentido trinitario.* El nombre se usa algunas veces para denotar la deidad esencial de Cristo. En este

---

[54] Juan Rojas Mayo, (Ed.) *La Biblia del Diario Vivir,* p. 1318.

sentido señala el derecho de Hijo desde la preexistencia, lo que trasciende absolutamente de la vida humana de Cristo y de su llamamiento oficial como Mesías. (3) *En el sentido de la natividad.* También se llama a Cristo el Hijo de Dios en virtud de su nacimiento sobrenatural. El nombre se le aplica en el bien conocido pasaje del Evangelio de Lucas, en que el origen de su naturaleza humana se atribuye a la paternidad de Dios directa y sobrenatural (Lc. 1:35)[55].

VII. EL CRISTO

Pilato había escuchado mucho acerca de Cristo que lo identificó con ese nombre: *"Reunidos, pues, ellos, les dijo Pilato: ¿A quién queréis que os suelte: a Barrabás, o a Jesús, ¿llamado el Cristo?* (Mt. 27:17). Cristo, es la forma griega del vocablo hebreo *"Mesías"* que significa "el Ungido". La palabra se deriva de la práctica de ungir con aceite como símbolo de la consagración divina al servicio. Mientras que los sacerdotes, y a veces profetas, eran ungidos con aceite al ser puestos en posesión de sus funciones, el título *"Ungido"* fue aplicado particularmente a los reyes de Israel que gobernaban en calidad de representantes de Jehová (2 S. 1:14). En algunos casos, el símbolo de la unción fue seguido por la realidad espiritual de manera que la persona se convirtió, en un sentido vivo, en el ungido del Señor (1 S. 10:1,6; 16:13)[56]. Aunque la unción en ellos no era permanente sino más bien temporal, no fue así en el caso de Cristo, de quien el Señor profetizó que andaría ungido todos los días de su ministerio (1 S. 2:35). Cristo mismo lo declaró: *"El Espíritu del Señor está sobre mí, por cuanto me ha Ungido para dar buenas nuevas a los pobres..."* (Lc. 4:18), cumpliéndose en Él con exactitud lo dicho por Isaías 61:1-3.

VIII. EL CORDERO DE DIOS

Este es un nombre muy sobresaliente con el cuál a Jesús se le identificó. Juan el Bautista lo utiliza apropiadamente para describir la misión redentora de Cristo, y lo presenta como: *"el Cordero de Dios, que quita el pecado del mundo"* (Jn. 1:29). Él es el Cordero provisto por Dios para ser

---

[55] Louis Berkhof. *Teología Sistemática*, pp. 372, 373.
[56] Myer Pearlman. *Teología Bíblica y Sistemática*, p. 112.

sacrificado en lugar de los pecadores (compárese Éx. 12:3-17 con Is. 53:7). Mediante su muerte, Jesucristo hizo provisión para quitar la culpa y el poder del pecado, y abrió el camino hacia Dios para todos en el mundo [57]. En relación con este nombre se han hecho varias sugerencias en cuanto a su significado (p. ej. El cordero ofrecido en la pascua, o el cordero de Is. 53:7, o el de Jr. 11:19 o de Gn. 22:8).

La expresión parece tener un sentido general de sacrificio, sin que sea el nombre de alguna ofrenda en particular. Juan decía que Jesucristo iba a ser el sacrificio que expiaría los pecados del mundo[58]. Una explicación un poco más amplia es la siguiente: El anuncio de Juan es la respuesta a la pregunta de Isaac: «*¿Dónde está el cordero para el holocausto?*» (Gn. 22:7). El cordero pascual en Éxodo 12 y el cordero sacrificial de Isaías 53 apuntan hacia Cristo. En la historia del AT hubo muchos corderos sacrificados, pero Cristo es el Cordero de Dios, el único [provisto por Dios]. La sangre de los corderos sacrificados en el tabernáculo o en el templo simplemente cubrían el pecado[en forma temporal] (Heb. 10:1-4), pero la sangre de Cristo quita [borra por completo] el pecado. Los corderos que se ofrecían en los días del AT eran sólo por Israel, pero Cristo murió por los pecados de todo el mundo[59].

IX. EL SIERVO

La identificación de Jesús con los hombres es mostrada en pasajes que nos recuerdan al siervo sufriente de Isaías 42:1-4 y 53:1-9 y mostrado en los Evangelios (Mt. 12:18; Mr. 10:45; Lc. 24:26). Fue en su experiencia bautismal donde tomó este papel (Mt. 3:17; Is. 42:1) de sufrimientos como aquel en quien todo su pueblo está representado y que es ofrecido por los pecados del mundo (Jn. 1:19; Is. 53). Jesús es llamado explícitamente "el Siervo" en la predicación antigua de la Iglesia (Hch. 3:13; 4:27, 30), y Pablo también pensó de él en la misma forma, (como siervo, esclavo obediente) (Ro. 4:25; 5:19; 2 Co. 5:21)[60].

En Marcos 10:45 se declara textualmente: *"Porque el Hijo del Hombre no vino para ser servido, sino para servir, y dar su vida en rescate de*

---

[57] Donald C. Stamps. *La Biblia de Estudio Pentecostal*, p. 1451.
[58] *Ibid, La Biblia de Estudio NVI*, p. 1670.
[59] *Ibid*, Wierbe, p. 186.
[60] Harrison, *Op. Cit.*, p. 133.

muchos". Si se analiza el contexto inmediato de los vv. 35-45 nos damos cuenta de que Jacobo y Juan le pidieron a Jesús que les permitiera que se sentaran a la derecha e izquierda de él en su gloria. Por esta petición Jesús no los ridiculizó, pero lo denegó, ya que ellos apetecían la más alta posición en el reino de los cielos. Sin embargo, él les dijo que la verdadera grandeza radicaba en servir a otros. Pedro uno de los discípulos que oyó ese mensaje, luego desarrolló este pensamiento en 1ª. Pedro 5:1-4. Tenemos libertad de pedir a Dios cualquier cosa, pero es muy posible que la respuesta sea negativa. Dios quiere darnos lo mejor, no simplemente lo que deseamos tener. Algunas cosas que pedimos se nos niegan precisamente para nuestro bien. La mayoría de los negocios, organizaciones e instituciones en nuestro mundo miden la grandeza por los altos logros de la persona. En el reino de Cristo, sin embargo, el servicio es la forma de tomar la delantera. El deseo de estar en la cima puede ser un estorbo y no una ayuda. En vez de buscar la satisfacción personal, mejor es buscar las maneras de ayudar en las necesidades de otros[61].

X. JESUCRISTO HOMBRE

"Porque hay un solo Dios, y un solo mediador entre Dios y los hombres, Jesucristo Hombre" (1ª. Ti. 2:5). Por medio del uso del término hombre tenemos la aseveración positiva de la verdadera humanidad que Cristo poseyó durante su vida terrenal y que todavía posee en su vida de intercesión en los cielos a la diestra del Padre [62]. Este es uno de los nombres que más relacionan a Jesucristo con su naturaleza humana y realza su calidad de mediador entre el hombre y el Padre Santo.

La expresión de que: *"hay un solo Dios"* es la creencia básica del judaísmo (Dt. 6:4) que todo judío confiesa diariamente en el *Shemá* (nombre tomado de la primera palabra de Dt. 6:4 en hebreo, que significa «Escucha». El *Shemá* se convirtió en la confesión de la fe judía, y es recitada por los judíos piadosos todos los días por la mañana y por la tarde. (Aún hoy es el pasaje con el cual se inicia el culto en la sinagoga). Se puede comparar Deuteronomio 6 con Marcos 12:29. Y la expresión de *"un solo mediador"*, se refiere a alguien que representa a Dios ante los seres

---

[61] *Ibid,* Juan Rojas Mayo, (Ed.), p. 1317.
[62] Bancroft, *Op. Cit.,* p. 166.

humanos, y a los seres humanos ante Dios, y que hace desaparecer toda separación entre ellos, al ofrecerse a sí mismo como «*rescate por todos*» (v. 6)[63]. El nombre Jesucristo denota, claramente la importancia de su humanidad, este nombre sirvió para contrarrestar la falsa enseñanza del primer siglo, que promovía que Jesús solo tenía apariencia humana y que era únicamente divino.

XI. EL SALVADOR

Uno de los primeros grupos gentiles en reconocer a Jesús como el Salvador fueron los samaritanos, quienes por el testimonio verbal de la Samaritana creyeron en él, y exclamaron: *"Ya no creemos solamente por tu dicho, porque nosotros mismos hemos oído, y sabemos que verdaderamente éste es el Salvador del mundo, el Cristo"* (Jn. 4:42). Por ello no es raro leer más delante (Hch. 8), cuando se produjo un gran avivamiento en esta región, porque ellos habían creído en Cristo como Salvador; el terreno espiritual ya se había preparado para que esto sucediera.

Además, Tito 2:13 menciona a Cristo con el nombre de Salvador cuando dice: *"Aguardando la esperanza bienaventurada y la manifestación gloriosa de nuestro gran Dios y Salvador Jesucristo"* (2:13). El apóstol Juan también declara: *"Y nosotros hemos visto y testificado que el Padre ha enviado al Hijo, el Salvador del mundo"* (1ª. Jn. 4:14). Este más que título o nombre, fue algo que reveló la práctica de la misión y visión de Cristo en la tierra.

XII. EL SEÑOR

Desde el mismo anuncio de su nacimiento se oyó resonar este nombre por medio del mensaje angelical: *"He aquí os doy nuevas de gran gozo, que será para todo el pueblo. Que os ha nacido hoy, en la ciudad de David, un Salvador, que es Cristo el Señor"* (Lc. 2:10, 11). Tiempo después, Cristo mismo afirmó: *"Vosotros me llamáis Maestro, y Señor; y decís bien, porque lo soy"* (Jn. 13:13). Más luego él enfatizó: *"No todo el que me dice: Señor, Señor, entrará en el reino de los cielos, son el que hace la voluntad de mi Padre que está en los cielos"* (Mt. 7:21). En este pasaje y en los vv.

---

[63] *Ibid*, Luciano, Jaramillo, (Ed.), pp.1924, 1593.

siguientes el 22 y 23, Jesús desenmascaró a las personas que aparentaban ser religiosas, pero no tenían una relación personal con él. En el día del juicio, solo nuestra relación con Cristo, nuestra aceptación de él como nuestro Señor y Salvador y nuestra obediencia a él, será tomada en cuenta. Muchas personas piensan que si son «buenas» y aparentan religiosidad serán premiadas con la vida eterna. La fe en Cristo (y la obediencia a él como nuestro Señor) es lo que se tendrá en cuenta en el juicio [64].

El apóstol Pablo escribió una palabra profética acerca de Cristo y con relación a este nombre: *"Para que en el nombre de Jesús se doble toda rodilla de los que están en los cielos, y en la tierra, y debajo de la tierra; y toda lengua confiese que Jesucristo es el Señor, para gloria de Dios Padre"* (Fil. 2:10, 11). Esta palabra, en el plan escatológico se cumplirá en forma literal.

XIII. LA RAÍZ DE DAVID

Juan, al utilizar este nombre lo hace con el fin de remarcar tanto la ascendencia real de Cristo como su mesianidad (Ap. 5:5). Es también el cumplimiento, en parte, de la profecía de Isaías 11:1 que dice: *"Saldrá una vara del tronco de Isaí y un vástago retoñará de sus raíces"*. Creemos que se cumple con Cristo en parte, ya que esta profecía es de doble referencia. Se cumplió con la venida de Cristo como el Mesías, y se cumplirá en su reinado terrenal en el milenio cuando él gobernará a las naciones con equidad (Is. 11:2-10).

Cuando Isaías menciona que: *"del tronco de Isaí brotará un retoño "* (NVI) se refería a algo muy importante. Isaí era el padre de David. Con excepción de Judá, los asirios en este tiempo, lo destruyeron todo, y el exilio babilónico le dio fin al reino de Judá en 586 a. C. El Mesías crecería como un retoño de la raíz de la dinastía de David.

XIV. EL ALFA Y LA OMEGA

Juan el teólogo registra las palabras divinas por las cuales Nuestro Salvador eterno se identifica; Él se identificó como el: *"Yo soy el Alfa y la Omega, principio y fin, dice el Señor, el que es, y que era y que ha*

---

[64] *Ibid,* Juan Rojas Mayo, (Ed.) p. 1234.

*de venir, el **Todopoderoso**"* (Ap. 1:8). En el alfabeto griego, el alfa es la primera letra y omega es la última. Dios es Eterno y desde la creación y hasta la consumación, él es Señor sobre todas las cosas (compárese con Ap. 22:13)[65].

En el campo de las Matemáticas, cuando se utiliza el Alfa (a) es con el fin de atribuir un valor infinito. Por lo tanto, este nombre dice mucho en cuanto a la naturaleza divina de Jesús y de su eternidad.

Este nombre denota que Cristo rige como soberano en toda la historia humana. En Apocalipsis 22:13 usa este título para referirse a sí mismo. En el 1:8 agrega el nombre del ***Todopoderoso.*** Nueve de las doce veces que se repite este término en el NT se hallan en el Apocalipsis (4:8; 11:17; 15:3; 16:7,14; 19:6, 15; 21:22) Las otras tres se hallan en Romanos 9:29; 2ª. Corintios 6:18 y Santiago 5:4 [66].

XV.   LA ESTRELLA RESPLANDECIENTE DE LA MAÑANA

Es relevante notar las palabras de Jesús con las cuales cierra el libro de Apocalipsis: *"Yo Jesús... soy la **raíz y el linaje de David, la estrella resplandeciente de la mañana**"* (Ap. 22:16). Cristo fue la gran luz que vino al pueblo de Israel, tal como lo profetizó Isaías: *"**El pueblo que andaba en tinieblas vio gran luz; los que moraban en tierra de sombra de muerte, luz resplandeció sobre ellos**"* (9:2). Pero cuando él se llama: *"**la estrella resplandeciente de la mañana**"*. Su alcance es mucho mayor; esto significa que él como Mesías es la luz de salvación para todos los que creen, de todas las naciones, tribus y lenguas.

XVI. EL REY DE REYES Y SEÑOR DE SEÑORES

En Apocalipsis 19:11-16, se narra la descripción de la segunda venida literal de Cristo a la tierra después de la gran tribulación, en la cual viene para juzgar a las naciones. El versículo 16 dice que: *"**Y en su vestidura y en su muslo tiene escrito este nombre: REY DE REYES Y SEÑOR DE SEÑORES**"*. Este título indica su soberanía. En este tiempo de la gran tribulación, gran parte del mundo estará adorando al anticristo, de

---

[65] Stamps, *Op. Cit*, p. 1856.
[66] *Ibid.,* Luciano Jaramillo, (Ed.), p. 2022.

quien creen que tiene todo el poder y autoridad. Luego Cristo viene del cielo cabalgando con su ejército de ángeles (y su Iglesia). Su entrada como ***REY DE REYES Y SEÑOR DE SEÑORES***, marcará el fin de los poderes falsos [67].

XVII. EL LEÓN DE LA TRIBU DE JUDÁ

El apóstol Juan escribe: ***"Y uno de los ancianos me dijo: No llores. He aquí el León de la tribu de Judá, la raíz de David ha venido para abrir el libro y desatar sus siete sellos"*** (Ap. 5:5). El León Jesucristo, se mostró digno de abrir el libro y desatar los sellos por haber llevado una vida perfecta de obediencia a Dios. Él se describe como León (símbolo de su poder y autoridad) y como cordero (v. 6) (símbolo de su sumisión a la voluntad de Dios) y por su sacrificio él puede salvarnos de los acontecimientos terribles revelados en el libro. Cristo, como cordero, ganó la mayor de las batallas de las batallas. Derrotó a todas las fuerzas del mal mediante la cruz. Cristo, como León, dirigirá la batalla donde finalmente Satanás será vencido (19:19-21)[68]. La Biblia dice que: ***"el diablo, como león rugiente, anda alrededor buscando a quien devorar"*** (1 Pd. 5:8). La palabra ***como***, es un símil, es una figura retórica que denota un parecido o establece una comparación, pero que nunca es exactamente igual a lo que se compara. El diablo anda como león, no es un león; pero Cristo, como el verdadero León, es el gran vencedor.

APLICACIONES

- Al igual que Jesús quien nació en Nazaret, nosotros también somos mestizos y como tales debemos de estar abiertos a tratar con todo tipo de personas, a fin de compartir el mensaje de salvación.
- Algunos nombres de Jesús como Hijo de Hombre (Mr 9:6) representaba el poder que poseía para actuar con autoridad divina. El nombre de Jesucristo desata poder en el cristiano que confía en ese nombre, así como Bartimeo clamó: ***"Hijo de David, ten***

---

[67] Juan Rojas Mayo (Ed.), *La Biblia del Diario Vivir*, p. 1839.
[68] *Ibid*, p. 1822.

misericordia de mí". Del mismo modo, el creyente salvo puede acudir a Jesús en cualquier necesidad, porque él es quien salva, sana, bautiza, libera y ayuda en cualquier circunstancia difícil de la vida.

- Imitemos la actitud de Jesús de servir siempre. Como expresó un autor desconocido para quien escribe: "**El que no vive para servir; no sirve para vivir**".

CONCLUSIÓN

No ha existido ningún hombre en la historia que posea tantos nombres como Cristo. Estos denotan alguna función de él y establecen, de igual manera, la verdad de su humanidad y divinidad.

CAPÍTULO 5

LA VIDA INMACULADA DE CRISTO

"MUY HOMBRE Y MUY SANTO"

Sería imposible tener un Salvador que hubiera practicado el pecado y que a la vez tuviera el poder de perdonar nuestras maldades. Pero a Dios gracias, tenemos a Jesucristo, nuestro seguro Salvador, poseedor de una vida inmaculada, y poderoso para perdonar todo pecado y limpiarnos de toda maldad (1 Jn. 1: 9), si de nuestra parte, hay confesión y verdadero arrepentimiento.

Pero ¿qué significado tiene la vida inmaculada de Cristo? Significa que él nunca hizo algo que desagradara a Dios o violara la Ley Mosaica, bajo la cual él vivió en la tierra, y que en ninguna manera dejó de demostrar en su vida, en algún tiempo, la gloria de Dios (Jn. 8:29). Esto no lo eximió de experimentar las limitaciones de la naturaleza humana; por ejemplo: Se cansó (Jn. 4:6), tuvo hambre (Mt. 4:2; 21:18), tuvo sed (Jn. 19:28), durmió (Mt. 8:24). Pero en cada etapa de su vida, la infancia, la adolescencia y la mayoría de edad, él fue santo y sin pecado [69].

---

[69] Charles C. Ryrie. *Teología Básica,* p. 299.

I.   LOS TESTIMONIOS DE LA IMPECABILIDAD DE CRISTO

A.   Su testimonio de sí mismo

Antes que todo analizaremos el testimonio que él da de sí mismo a los de su raza y cultura.

1.   Desafió a los judíos.

¿Quién de vosotros me redarguye de pecado? (Jn. 8:46). No recibió respuesta. Cuando él los desafió para que lo acusaran, podía quedarse y soportar el escrutinio de ellos. Él era sin pecado, de modo que podía expresarse abiertamente de esta manera.

2.   Su conciencia nunca se manchó de pecado.

Él también dijo: *"Yo hago siempre lo que a él le agrada"* (Jn. 8:29). Él vivió en comunión ininterrumpida con Dios. La conciencia que Cristo tenía de su propia persona es sorprendente, por el hecho de que es una experiencia totalmente diferente a la de los demás seres humanos creyentes o no creyentes. Toda persona que mantiene una relación constante con el Señor sabe que mientras más se aproxima a Dios, mayor es Su conciencia de pecado. Sin embargo, con Cristo no sucede así.

En esta misma línea de pensamiento, se nos relata la tentación de Cristo (Lc. 4), y nos brinda la seguridad de que no cometió pecado. Nunca le oímos confesando o pidiendo perdón por sus pecados, aun cuando a sus discípulos les dice que lo hagan. Claramente se nota que no tiene el sentimiento de culpabilidad que acompaña a la naturaleza pecadora.

A través de toda la Biblia, se muestra la flaqueza de todos los hombres de Dios. Ninguno de los grandes héroes bíblicos es presentado sin tacha. Ni siquiera David o Moisés. Aún en el NT se registran las faltas de los apóstoles en algunos de los libros; sin embargo, en ninguna parte de las Escrituras encontramos mención de un pecado en la vida de Cristo [70].

---

[70] Josh McDowell. *Evidencia que Exige un Veredicto*, p. 121.

B. El testimonio de sus amigos

También sus amigos más cercanos, los discípulos, testificaron de su impecabilidad. En su estrecho contacto con él, jamás vieron ellos en él los pecados que veían en sí mismos. Se provocaban unos a otros, murmuraban y discutían, pero nunca vieron esto en Jesús. Debido a su estricta formación judía, ellos habrían sido los menos dispuestos a decir que Jesús era sin pecado, a menos que en verdad lo fuese.

Pedro y Juan, sus más íntimos amigos, afirmaron que él era sin pecado: *"Él cual no hizo pecado, ni se halló engaño en su boca"* (1 Pd. 2:22). *"Y sabéis que él apareció para quitar nuestros pecados, y no hay pecado en él"* (1 Jn. 3:5, lea también 1 Pd. 1:19 y 1 Jn. 1:8-10). ¡Qué claro y firme fue el testimonio de estos apóstoles a cerca del Maestro a quien ellos conocieron de una manera personal!

Aún hasta el responsable de su muerte reconoció su inocencia y piedad: Judas, después de traicionar a Jesús, vio la inocencia de Jesús y experimentó un profundo remordimiento, pues había entregado *"sangre inocente"* (Mt. 27:3,4). El apóstol Pablo también presenta un testimonio de la impecabilidad de Cristo en sus epístolas (2 Co. 5:21).

C. El testimonio de sus enemigos

Si es importante el testimonio de sus amigos, también es digno de considerar lo que dijeron de él los que no fueron sus amigos.

- El propio Pilato da testimonio de su impecabilidad: *"¿qué mal ha hecho éste?"* (Lc. 23:22).
- Uno de los hombres crucificados con Jesús da testimonio de su impecabilidad. En Lucas 23:41 Uno de los ladrones reprende al otro diciendo: *"este ningún mal hizo…"*
- El centurión en el escenario de la cruz exclamó: *"Verdaderamente éste era Hijo de Dios"* (Mt. 27:54).

Por último, es importante considerar la declaración de Bernard Ramm cuando afirmó: "La perfección sin pecado y la perfecta impecabilidad es la que esperaríamos del Dios encarnado, y esto es lo que hallamos en Jesucristo. La hipótesis y los hechos armonizan"[71].

II.   LAS MANIFESTACIONES DE SU IMPECABILIDAD

El teólogo Emery H. Bancroft en su libro *Fundamentos de Teología Bíblica* enumera varias manifestaciones; consideraremos tres de ellas:

A.   Su demanda de santidad en los demás

"Porque escrito está: Sed santos, porque Yo soy santo" (1 Pd. 1:16 compárelo con Jn. 5:14 y el 8:11). La santidad de Cristo se manifestó al negarse a todo compromiso con el mal. Como seguidores de él, debemos de evitar a toda costa, todo compromiso con el pecado y hacer el bien, practicar lo que nos edifica y agrada a Dios. Todo el Sermón del Monte (Mt. 5-7) es la expresión de esta demanda.

B.   Su censura del pecado y los pecadores

"Pero él volviéndose dijo a Pedro: ¡Quítate de delante de mí Satanás!; me eres tropiezo, porque no pones la mirada en las cosas de Dios, sino en las de los hombres" (Mt. 16:23); *"Más ¡ ay de vosotros, escribas y fariseos, hipócritas! porque cerráis el reino de los cielos delante de los hombres pues ni entráis vosotros, ni dejáis entrar a los que están entrando ... ¡serpientes, generación de víboras!, ¿cómo escaparéis de la condenación del infierno?"* (Mt. 23:13 compárese con Jn. 4:17,18). Jesús poseía el carácter moral para poder señalar abiertamente el pecado de los infractores de la ley de Dios, y nadie podía hacer lo mismo con él debido a su vida pura y santa.

C.   Su sacrificio para salvar a los hombres del pecado

"Quien llevó él mismo nuestros pecados en su cuerpo sobre el madero, para que nosotros, estando muertos al pecado, vivamos a la justicia; y por cuya herida fuisteis sanados" (1 Pd. 2:24 lea también Jn. 10:17,18; 2 Co. 5:21 y Gá. 3:13).

---

[71] *Ibid,* pp. 122, 125.

Algunos cometen el error de ver en la cruz una simple escapatoria del fuego, por medio de la cual se pueden evitar las llamas del infierno y disfrutar de las bendiciones del cielo. Y aunque esto es realmente cierto para aquellos que son salvos por la cruz, está lejos de ser el motivo que impulsó a Cristo a realizar su sacrificio. Este era para redimir a quienes eran el objeto de su amor, los pecadores; sacándolos de una condición que era repugnante y aborrecible, por causa de su odio hacia el pecado, a una condición que era agradable y deleitosa, debido a su amor por la justicia. Hay múltiples manifestaciones de la santidad de Jesucristo, pero no existe registro de la presencia de la más insignificante mancha de pecado personal en él[72].

III. LA PRUEBA DE SU VIDA SIN PECADO

A. La naturaleza de las pruebas de Cristo

Las pruebas particulares que a continuación se tratarán fueron diseñadas para tentar al Dios-Hombre. Ningún hombre común pudiera jamás ser tentado a tratar de convertir piedras en pan, pero el Dios-Hombre lo pudiera haber hecho. Ningún hombre sería seriamente tentado a demostrar que era el Mesías por lanzarse de un lugar alto con la esperanza de resultar ileso. Ningún hombre hubiera tomado en serio la oferta de Satanás de darle todos los reinos de este mundo o quizá el rincón de algún reino, pero no todos. Así que estas pruebas se diseñaron para tentar al Dios-Hombre en una manera que ningún otro ser humano jamás hubiera sido tentado.

Aunque las pruebas particulares estaban fuera de la experiencia común de los seres humanos, las áreas representadas eran comunes a todas las personas. Todos los deseos pecaminosos se pueden clasificar como deseos de la carne, deseo de los ojos, o vanagloria tocante a las posesiones o una combinación de ellas (1 Jn. 2:19). Las pruebas en que Satanás puso al Señor caen en esas tres categorías (Mt. 4:1-11).

---

[72] Emery H. Bancroft. *Fundamentos de la Teología Bíblica,* pp. 184, 185.

TRES		1. **Los deseos de la carne**
CATEGORÍAS		(deseos o necesidades físicas o
PRINCIPALES		emocionales) *"Dí a éstas piedras que se conviertan en pan"* (Mt. 4:3).
DE LA		
TENTACIÓN		2. **Los deseos de los ojos**
DE		(el espectáculo, el sensacionalismo, la
JESÚS		sensualidad) *"échate abajo"* (Mt. 4:6).
		3. **La vanidad de la vida**
Mateo 4		(vanidad, fama, riqueza, poder)
1a. Juan 2:16		*"Le mostró la gloria de los reinos del mundo. Todo esto te daré si ..."* (Mt. 4:9).

Cuando el escritor de Hebreos afirma que nuestro Señor fue probado en todo (**"kata panta"**), no quiere decir que él experimentó cada prueba de las que las personas experimentan, (Heb. 4:15). Él, por ejemplo, nunca fue probado en cuanto al mal uso de la televisión [computadora o las redes sociales] (si hubieran existido en ese entonces). Pero sí experimentó pruebas hechas especialmente para un Dios-Hombre que encajaban en las mismas categorías de todas las pruebas, incluso las nuestras. La razón por la cual él podía ser tentado, después de todo, es que él tenía una naturaleza humana, fue tentado, pero jamás cedió, ni dio el más mínimo lugar a la tentación. Él fue probado, prosigue el escritor, *"según nuestra semejanza"*. En otras palabras, el hecho de que él vino en la semejanza de carne pecaminosa permitió que fuese probado. Sin embargo, existía una gran diferencia entre su humanidad y la nuestra. Él era [vivía] *"apartado del pecado"*. Él no se exponía a situaciones pecaminosas y nunca cometió ni un sólo pecado. Pero eso no significa que su humanidad fuera impecable. Él también estuvo en el riesgo de pecar, pero él decidió no cometer ninguna ofensa contra el Padre. Por tal razón Pablo afirma que Cristo *"No conoció pecado"* (2 Co. 5:21).

B. Su impecabilidad fue probada y produjo resultados

1. Sensibilidad.

   Él se hizo sensible a la presión de ser probado. El escritor de la carta a los hebreos afirma acerca de la obra de Cristo en favor nuestro: *"Porque no tenemos un sumo sacerdote que no pueda compadecerse de nuestras debilidades, sino uno que fue tentado en todo según nuestra semejanza, pero sin pecado. Acerquémonos, pues, confiadamente al trono de la gracia para alcanzar misericordia y hallar gracia para el oportuno socorro"* (Heb. 4:15,16).

2. Ejemplo.

   Nos provee un ejemplo de victoria sobre las pruebas más severas. (Jn. 16:33; 1 Jn. 5:4) En él se cumplió en forma integral lo que la Escritura afirma que: *"Todo lo que es nacido de Dios vence al mundo"*.

3. Comprensión.

   Puede ofrecernos entendimiento compasivo cuando somos probados. Y no solamente eso, sino que nos comprende, y nos provee la salida en medio de cualquier tentación. (1 Co. 10:13).

4. Gracia y poder.

   Él también nos puede proveer la gracia y el poder que necesitamos en los tiempos de prueba. Los que han experimentado los mismos problemas que nosotros son sensibles y compasivos, pero muchas veces pueden hacer poco o nada tocante a nuestros problemas. Él sí puede hacer algo, o mejor dicho todo, y nos ofrece la gracia para ayudarnos en el tiempo de necesidad (Heb. 4:16). Solamente un Sumo Sacerdote Dios-hombre puede hacer ambas cosas: tener compasión de nosotros, porque él fue genuinamente probado, y puede darnos el poder para vencer, porque él es Dios [73].

Podemos resumir todo lo antes considerado con estas palabras: *"En Jesús, Dios se hizo ser humano con la misma naturaleza del hombre, pero sin pecado"* [74].

APLICACIONES

- Sí se puede ser santo en la actualidad. Hoy podemos aspirar a adquirir la santidad personal, al seguir el ejemplo de Jesús. Para todo creyente es posible lograrla. porque podemos contar con la ayuda eficiente del Espíritu Santo. Debemos de vivir una vida disciplinada y anhelar como meta máxima el: *"llegar a la estatura de la plenitud de Cristo"* (Ef. 4:13).
- Podemos ser tentados y salir victoriosos. La integridad de la vida del creyente es probada constantemente por la tentación. Cristo fue probado en tres áreas principales y venció. He aquí algunas formas en que nosotros podemos también vencer. 1) Frente a los deseos de la carne, debo de mantenerme en total sujeción en obediencia a Cristo; mantenerme, a diario, crucificado juntamente con él (Gá. 2:20). 2) Frente a los deseos de los ojos. Adiestrar mis ojos para evitar la mirada lujuriosa (Job 31:1). Evitar el codiciar lo ajeno, al estar consciente que Dios es mi proveedor, y con él puedo estar satifecho (Heb. 13:5). 3) Frente a la vanidad de la vida y los placeres efímeros de este mundo. No caer en la trampa del querer obtener placer momentáneo, sino más bien aprender a vivir contento (Fil. 4:11-13) y ser agradecido con Dios por lo que sí tenemos, en vez de vivir quejándonos por lo que no tenemos.

---

[73] Ryrie, *Op. Cit.,* pp. 301, 302.
[74] Donald C. Stamps. *La Biblia de Estudio Pentecostal,* p. 1449.

- Finalmente, en cuanto a la tentación, debo de hacer lo que Jesús hizo; no exponerme a situaciones pecaminosas, permanecer lejos del pecado, o de la fuente de mi tentación. Mantener una relación con la persona y la obra del Espíritu Santo para que, por medio de su poder, pueda vencer toda tentación, cultivar y abundar en el Fruto del Espíritu (Gá. 5:22-26) que es indispensable para el crecimiento espiritual y ministerial. Reafirmar, cada día, el sometimiento de mi voluntad a él, de modo que yo pueda decidir con gozo el no pecar contra Dios (Gn. 39:9).

CONCLUSIÓN

Cristo mismo en sus palabras y ejemplo poseyó una vida sin pecado. Sus amigos más cercanos lo testificaron y aún sus enemigos lo hicieron también. Las manifestaciones de su impecabilidad son claras y contundentes. Su vida inmaculada fue probada y salió exenta en todo y esto nos brinda grandes beneficios a quienes le hemos entregado la vida a él.

CAPÍTULO 6

LA PREEXISTENCIA DE CRISTO

"EL QUE VIVÍA ANTES DE SER CONCEBIDO"

La doctrina de la persona de Jesucristo es importantísima para la Fe Cristiana. Es básica para la Soteriología, porque si Nuestro Señor Jesucristo no es lo que él dijo, entonces su expiación fue deficiente, no fue un pago suficiente por el pecado[75]. Si es crucial creer en la divinidad de Cristo, también es de vital importancia conocer más y tener mayor certeza en cuanto a su preexistencia.

I.   SU PREEXISTENCIA ANTES DE SU ENCARNACIÓN

El Evangelio de Juan nos narra la respuesta enfática que Cristo hizo a los judíos, cuando ellos dudaban de su divinidad y preexistencia (Jn. 8:58). *"Antes que Abraham fuese, Yo soy"*. La Biblia de Estudio Harper-Caribe, al pie de la página, trae una nota interesante al respecto que dice:

> Esta declaración de Jesús es una de las pruebas de su preexistencia. Los judíos reaccionaron en forma inmediata y negativa; sabían perfectamente bien que al aceptar tal declaración, estaban reconociendo la divinidad (y

---

[75] Charles C. Ryrie. *Teología Básica,* p. 269.

preexistencia) de Jesús. Ellos no estaban dispuestos a adorarlo como a Dios[76].

A. EL SIGNIFICADO DE SU PREEXISTENCIA

Si vamos a tratar la preexistencia de Cristo es necesario definirla:

1. Su preexistencia significa que él ya era desde antes de su nacimiento.

Para algunos teólogos esto significa que él existió antes de la creación y antes del tiempo. La eternidad y la preexistencia son, en este caso, conceptos similares, porque la negación de la preexistencia casi siempre incluye una negación de su eternidad y viceversa. De manera que, Cristo ya tenía existencia propia antes de adquirir forma humana; su preexistencia implica dar un salto atrás al período cuando el tiempo no se medía por años ni por siglos, en el cual Cristo ya era desde entonces.

2. Cuando Cristo nació no comenzó a existir, él ya era desde antes (Jn. 8:58).

Él ya era desde el principio (Jn. 1:1, 2). Él no es un ser creado. ¡Él es el eterno Dios! él es quien vive en el presente eterno. Ahora bien, si Cristo no fuese preexistente, como lo creen los escépticos, entonces no pudiera ser Dios porque, entre otros atributos, Dios es eterno. Y si Cristo no vivió antes de venir a este mundo entonces mintió, porque él se atribuyó preexistencia. Entonces surgiría la pregunta: ¿De qué más mintió? Sin embargo, la Biblia responde claramente: *"Dios no es hombre para que mienta, ni hijo de hombre para que se arrepienta"* (Nm. 23:19a). Cristo como Dios es el verbo eterno y la revelación máxima de quien es Dios.

B. Las evidencias de su preexistencia

La Biblia presenta evidencias claras de dicha preexistencia, aquí se presentan algunas de ellas:

---

[76] J. Mervin Breneman. *La Biblia de Estudio Harper / Caribe*, p. 1130.

1. El origen celestial de Cristo.

Jesucristo fue muy claro al hablar, especialmente cuando se trataba de definir su propia identidad. Él enfáticamente declaró: *"Nadie subió al cielo, sino el que descendió del cielo; el Hijo del Hombre. El que de arriba viene, es sobre todos; el que es de la tierra es terrenal, y cosas terrenales habla; el que viene del cielo, es sobre todos"* (Jn. 3:13,31). Estos versículos reclaman el origen celestial de Cristo y atestiguan de su preexistencia.

2. Su obra como Creador.

Si Cristo estuvo involucrado en desde el principio de la creación (Gn. 1:27), entonces, por supuesto, tuvo que existir antes de ella. Como ya se mencionó, Juan lo declaró al principio de su Evangelio en Jn. 1:3. El escritor a los hebreos es muy enfático cuando dice que: *"Dios* (en el AT) *había hablado por medio de los profetas, pero en los postreros días lo ha hecho por el Hijo, a quien constituyó heredero de todo, y por quien así mismo hizo el universo"* (Heb. 1:2)

3. Su relación con Dios.

Jesús se atribuyó, y la Escritura lo confirma, igualdad de naturaleza con Dios (Fil. 2:6). Él también afirmó haber tenido gloria junto a su Padre antes de que el mundo fuese: *"Ahora pues, Padre, glorifícame tú para contigo, con aquella gloria que tuve contigo antes de que el mundo fuese"* (Jn. 17:5). Estos pasajes son evidencias claras de Su preexistencia.

4. Su relación con Juan el Bautista.

Aunque Juan nació antes que Jesús, él reconoció que Cristo existió antes que él. *"Este es de quien yo decía: El que viene después de mí, es antes de mí; porque es primero que yo"* (Jn. 1:15b). Juan se refería a su preexistencia como base de la superioridad de Cristo sobre él [77].

---

[77] Ryrie, *Op. Cit.*, p. 270.

II. SU ETERNIDAD ANTES DE SU ENCARNACIÓN

¿Qué significa su eternidad? Su eternidad significa no sólo que Cristo existió antes de su nacimiento o aún antes de la creación, sino que él existió siempre, eternamente. En el tercer siglo de nuestra era cristiana existió un hombre llamado Arrio. Enseñó la preexistencia de Cristo, pero no su eternidad. Él creía que Cristo era un ser creado. Los seguidores de la doctrina "Jehovista" hoy en día creen igual que Arrio, niegan la eternidad del Verbo (*Logos*). En aquel tiempo la Iglesia enfrentó esa controversia doctrinal y lo hizo defendiendo su credo en cuanto a la preexistencia de Cristo en el Concilio de Nicea en el 420 D.C. Nosotros como creyentes, debemos defender, con mansedumbre y firmeza, la doctrina y esperanza que tenemos en nuestro Salvador (1 Pd. 3:15).

A. La evidencia de su eternidad

Heb. 1:3a dice: *"El cual, siendo el resplandor de su gloria, y la imagen misma de su sustancia ..."*, aquí se emplea el término griego *character*, el cual indica la representación exacta de la naturaleza de Dios. Cristo al ser Dios, tiene la esencia como tal, lo que demuestra su eternidad, porque Dios es eterno.

B. Los profetas del AT afirmaron la deidad de Cristo como el Mesías

Uno de ellos es Miqueas quien declara: *"Pero tú, Belén Efrata, pequeña para estar entre las familias de Judá, de tí saldrá el que será Señor en Israel; y sus salidas son desde el principio, desde los días de la eternidad."* (5:2) Hace referencia tanto a su divinidad como a su eternidad. Isaías, el evangelista del AT, cuando describe Cristo como el Mesías prometido, enumera sus títulos personales, entre ellos está el de: *"Dios fuerte"* (9:6), denota con ello que Cristo es Dios. El rey más prominente de Israel, David, hace una afirmación muy importante respecto a la divinidad de Cristo: *"Jehová dijo a mi Señor: siéntate a mi diestra, hasta que ponga a tus enemigos por estrado de tus pies"* (Sal. 110:1) Cristo mismo la empleó para confundir a sus críticos y para confirmar su naturaleza divina (Mt. 22:43,44) y aún es mencionada por el autor de la carta a los Hebreos (1:4,13) como una doble referencia a esta vital doctrina dentro de la Cristología.

En la óptica de Juan, se puede observar que Cristo mismo se atribuyó eternidad cuando declaró: *"Antes que Abraham fuese, Yo Soy"* (Jn. 8:58). Esto es más que una existencia limitada, porque él dijo: *"Yo Soy"*. El "Yo era", pudiera indicar que él existió varios siglos antes que Abraham, pero el *"Yo Soy"* (griego *eimi*) afirma su eternidad [78].

C. La teología Juanina presenta a Cristo como Dios (Jn. 1:1)

1. *"El Verbo era con Dios".*

La preposición *"con"* escogida por el Espíritu Santo y escrita por Juan, significa comunión con y movimiento hacia. Denota el íntimo compañerismo que subsiste entre dos personas (Cristo y el Padre) y conviene bien a la correspondencia que hay entre las distintas personas del único Dios. "El rostro del eterno Verbo siempre miraba hacia el rostro eterno del Padre"[79].

2. *"El Verbo era Dios".*

No se dice que era "el Dios"; porque esa declaración le daría al Hijo la totalidad del ser divino, contradiciendo así la doctrina de la Santísima Trinidad. Tampoco dice que el Verbo era un dios (como lo traducen los Testigos de Jehová) ya que los sustantivos que preceden al verbo, como aquí, generalmente no tienen el artículo definido como: él, la, los. Aquí sólo se dice enfáticamente que Cristo es Dios, *"Dios....manifestado en carne"* (v. 14).

Antes de concluir este segundo aspecto, es bueno comentar algo más acerca del Verbo, Logos, o la Palabra. Las palabras expresan los pensamientos o ideas de un individuo. Myer Pearlman al respecto dice: "Cristo como la Palabra o Verbo de Dios, nos revela la idea que Dios tiene de sí mismo"[80].

---

[78] *Ibid,* pp. 270, 271.
[79] B. B. Meyer. *La vida y la luz de los hombres,* pp. 14, 15.
[80] Myer Pearlman. *Teología Bíblica y Sistemática,* p. 156.

III. SU ACTIVIDAD ANTES DE SU ENCARNACIÓN

A. Su actividad como Creador

Un breve análisis de Colosenses 1:16,17, aportará claridad sobre el papel de Cristo como creador. El v. 16 dice que: *"En él fueron creadas todas las cosas..."* Esto demuestra tres elementos muy importantes: 1) Que Cristo como Creador participó en la creación de todas las cosas (vea Jn. 1:3 y Heb. 1:2). 2) Que en esto se demuestra su poder creador, capaz de formar todas las cosas. 3) Él como Creador está excluido de las cosas creadas, es decir, de su creación. El v. 17 dice: *"Todas las cosas en él subsisten"*. Él ahora sustenta su creación, denota así su interés de hacer que subsista lo que él creó. Si hasta ahora, esta tierra es habitable, a pesar de tanta contaminación y deterioro que ha causado el hombre, es porque Cristo cuida de ella; aún se interesa por su creación, ¿no es asombroso pensar en esto? ¡No hemos perecido por su grande amor y cuidado! (Lam. 3:22,23).

B. Su actividad como Ángel de Jehová

El AT narra la actividad de Cristo y aún el NT lo confirma. El Ángel de Jehová *(Yahvéh)* es claramente una manifestación de Jehová, porque él habla como Dios, se identifica a sí mismo como Dios, y ejerce las prerrogativas de Dios (Gn. 16:7-11; Éx. 3:2; Jue. 2:1-4; 2º. Sam. 24:16). El hecho de que las apariciones del Ángel de *Yahvéh* cesan después de la encarnación de Jesús indican que él es un miembro de la Trinidad. Esto se confirma con la declaración del AT, de que el ángel de Dios acompañó a Israel cuando salieron de Egipto (Éx. 14:19 y 23:20), y la declaración del NT de que la Piedra que siguió a Israel, y les proveyó el agua para sustentarlos, era Cristo (1 Co. 10:4).

C. Su Ministerio como Ángel de Jehová

1. Muchas veces actuó como mensajero de varias personas, (Gn. 16:7-14; 22:11-18; 31:11-13).

2. Guio y protegió a Israel, (Éx. 14:19; 2 R. 19:35).

3. Fue quien sustentó y alimentó a Elías, cuando éste se sentía morir (1 R. 19:4-8)[81].

APLICACIONES

• La preexistencia de Jesucristo antes de su nacimiento, supera, por ejemplo, a la preexistencia de los sabios andinos, quienes, supuestamente, tienen la función de proteger a los suyos. Asimismo, Jesús es superior a los demás profetas como Buda, Mahoma, Confucio y otros, que no se conoce su preexistencia, solamente se habla desde el momento de su nacimiento. Esta declaración asegura al creyente, que no somos seguidores de alguien que solamente está en un recuerdo o mito como los ancestros de los sabios andinos, sino somos seguidores de alguien que siempre existió aún *"antes de Abraham"* (Jn. 8:58).

• La eternidad de Jesucristo es la esperanza eterna del creyente. Muchas veces la humanidad recuerda al niño Jesús que nació y se compadece por el sufrimiento en la cruz. Esto sucede cada año en diferentes formas; pero ese Jesús, presentado por la religiosidad tradicional, simplemente representa la temporalidad y no ofrece ninguna esperanza. En cambio, la idea de la eternidad de Jesús nos otorga esa esperanza eterna la cual debe estar presente cada día, el no perderla de vista, nos ayuda a tener perspectiva correcta y eterna sobre lo temporal. El apóstol Pablo dice en Colosenses 3:1,2: *"Si, pues, habéis resucitado con Cristo, buscad las cosas de arriba, donde está sentado Cristo a la diestra de Dios. Poned la mirada en las cosas de arriba, no en las de la tierra"*

• Es motivante la veracidad de Cristo por el hecho de decir la verdad, sostenerla y defenderla siempre. Yo como discípulo y seguidor de Cristo, debo de distinguirme por practicar la integridad en todas las áreas de mi vida, para ser un reflejo de él en mi vida, y dar un buen testimonio y ser de bendición para los que me rodean.

---

[81] Ryrie, *Op. Cit.,* pp. 271, 272.

• La cualidad de que Cristo es la verdad es un fuerte argumento con el cual yo puedo evangelizar y compartir este mensaje de fe, esperanza y amor con otros.

CONCLUSIÓN

Cristo NO existe. ¡Cristo es!, ¿por qué? Porque él no es un ser creado. Él es el Creador; su eternidad prueba su preexistencia. Tanto el Antiguo como el NT. atestiguan de que Cristo es Dios. Hombres como Juan el Bautista, Juan el teólogo y el apóstol Pablo lo asentaron por escrito en la Biblia. Cristo es eterno. Aún resuena con mucho poder la declaración bíblica de que: *"Jesucristo es el mismo ayer, y hoy, y por los siglos"* (Heb. 13:8).

CAPÍTULO 7

LOS MILAGROS DE CRISTO

"El Hombre Increíble"

Existe una notable diferencia entre la sanidad divina y el simplemente acto de curar, y es que la primera es completa y permanente; la segunda, en cambio es temporal y a menudo, al poco tiempo es complicada con otros males.

Cristo realizó milagros y los sigue llevando a cabo el día de hoy. Hizo milagros no solo de sanidades físicas y espirituales, sino también aquellos que trascienden a la esfera sobrenatural y aún milagros en personas a quienes los resucitó de la misma muerte. A fin de poder identificar mejor los diferentes tipos de milagros de Cristo, aquí se clasifican en cuatro grupos diferentes.

I.   LOS MILAGROS DE EXPULSIÓN DE DEMONIOS

A. La naturaleza de la posesión

Es muy peculiar notar que el primer milagro escrito por Marcos (1:21-28) y Lucas (4:31-37) es el que demuestra el poder del Señor sobre el mundo invisible de los espíritus. El relato señala de dónde procedía la enemistad contra Jesús y muestra su poder irresistible para liberarnos de las fuerzas de las tinieblas. También nos hace recordar que el Hijo de Dios: *"apareció para deshacer las obras del diablo"* (1 Jn. 3:8).

1. El concepto moderno.

La mentalidad moderna encuentra difícil creer en la existencia de demonios y en la posesión demoníaca. Se cree que todo esto se debe a problemas sicológicos o se atribuye a supersticiones de tiempos remotos. Se piensa que los endemoniados del NT debían haber sido personas que sufrían de alguna manía o desequilibrio mental, o bien que eran epilépticos o dementes. Se dice entonces que Jesús se acomodó a la opinión popular, aunque sabía que aquellos seres no existían. De ser cierto esto, ¿no quedaría Jesús como un hipócrita? No se puede negar la existencia de los demonios sin descartar la inspiración de los evangelios y la integridad personal e inteligencia de Jesucristo. Además, actualmente, en ciertas regiones existen tantos casos de posesión demoníaca que no se necesita de mayores evidencias. Claro, hay que evitar los extremos como el de ver un demonio debajo de cada objeto. El mundo demoníaco existe; pero el poder de Dios es muy superior y tiene control sobre todo poder del maligno.

2. El concepto bíblico.

En los evangelios se presenta a los demonios como agentes y ángeles de Satanás y a los endemoniados como "personalidades invadidas". Los demonios tratan cruelmente a los poseídos, hablan a través de ellos, pueden morar muchos dentro de la misma persona, y tiemblan ante la presencia de Cristo. Ellos reconocieron en Jesús al Mesías mucho antes que los mismos discípulos.

Henry H. Halley los describe como: "seres que frecuentan los lugares desiertos en espera de verse forzados a ir a los abismos, y que prefieren hasta habitar en cerdos antes que ir a su propio lugar. Es probable que se les llame 'espíritus inmundos' porque cuando moran en una persona suelen intensificar en ella la concupiscencia humana y llevarla a cometer actos inmorales" [82].

3. La expulsión de los demonios (Mr. 5:1-20).

El episodio en que el endemoniado es liberado del espíritu inmundo es dramático. Jesús estaba descendiendo de la barca cuando un hombre con

---

[82] Pablo Hoff. *Se hizo hombre,* pp. 80, 81.

un espíritu inmundo de pronto lo interceptó; el poseído comenzó a gritar frenéticamente; las palabras del demonio expresaban al mismo tiempo odio, terror, desesperación y reconocimiento de la santidad y divinidad de Jesucristo. Con todo, el principal motivo por el que Jesús hizo callar al espíritu era que quería mantener en secreto su carácter mesiánico. El Evangelio de Marcos narra que Jesús: *"Sanó a muchos que estaban enfermos de diversas enfermedades, y echó fuera muchos demonios; y no dejaba hablar a los demonios, porque le conocían"* (Mr. 1:34). En este caso, al Señor le bastó una simple orden para echar fuera al demonio, habló con su propia autoridad, y el espíritu salió, gritando y sacudiendo violentamente al pobre hombre. No es de extrañarse que se maravillasen los espectadores [al ver todo esto][83].

B. Las liberaciones demoníacas (Mt. 8:28-34; Mr. 5:1-20; Lc. 8:26-39)

El Señor Jesús y sus discípulos llegaron finalmente a la orilla oriental del mar de Galilea, a la región de los gadarenos o tierra de Gerasa. Mateo afirma que fueron dos los endemoniados que salieron al encuentro de Jesús, pero Marcos y Lucas sólo mencionan a uno, probablemente porque este era el personaje central. Nótese que este milagro fue una demostración de poder sobre los espíritus. Aquí es la primera vez que Jesús está obrando entre los gentiles.

1. La descripción de la escena.

Se puede notar la fuerza sobrenatural del endemoniado en estos pasajes. Este hombre destroza los grillos o esposas de hierro y nadie lo puede dominar. Lleva una vida que no le permite descansar ni dormir, sino solo gritar continuamente y herirse con piedras ¡cuán cruel es el demonio! El nombre de legión indica la gran cantidad de demonios que han tomado posesión del pobre hombre. La legión era una división del ejército romano que tenía en aquella época entre 3000 y 6000 soldados de pie, además de la caballería con la que contaba dicha división. Los demonios sabían que se les había señalado un plazo antes de ser arrojados al abismo: *"¿has venido acá*

---

[83] *Ibid*, p. 137.

para atormentarnos antes de tiempo?"; por eso prefirieron ir a habitar en los cerdos, antes que ir al lugar de castigo (Lc.8:31). Los cerdos se asustaron y se arrojaron al despeñadero; reacción que no habían previsto los espíritus.

La autodestrucción de los animales es una demostración palpable de que habían salido los demonios de aquel hombre, Ahora bien ¿cómo se justifica la pérdida de aquellos cerdos propiedad de los gadarenos? La liberación del hombre valía mucho más que un hato de cerdos. Sin embargo, los gadarenos no lo consideraron así; preferían sus animales impuros antes que al Salvador, (según la ley hebrea el cerdo era un animal inmundo). Como aplicación se puede decir que así le sucede a muchas personas hoy: no quieren que Cristo interfiera en sus dudosos asuntos, y valoran más los intereses materiales que los espirituales[84].

2. El poder y protección de Cristo

Cristo tiene poder sobre los demonios y los espíritus malos. Todo creyente que está firme en el Señor tiene la protección de su sangre eficaz, que lo protege contra toda influencia del mal, y tiene también toda la autoridad de parte de Dios por el Espíritu Santo, para ser usado por él para liberación de algún oprimido por el diablo (Hch. 1:8 y Mr. 6:13).

Jesucristo afirmó poseer el poder y la autoridad y la tiene hoy en el cielo y en la tierra (Mt. 28:18). Su poder sobre el ámbito natural, físico y espiritual es vigente y evidente. Solo es necesario creer en lo que él efectuó en la cruz del calvario por toda persona que deposita su fe totalmente en él. El poder del mundo espiritual, llámese ocultismo, brujería, o santería, tiene que replegarse frente al gran poder sobre natural de Cristo que tiene dominio en todo.

3. El encuentro de poder

Las expulsiones de demonios, las sanidades obradas en personas que tenían "males puestos", como comúnmente se conoce, ya sea maleficios o trabajos de brujería; siempre requieren de un encuentro de poder. Un enfrentamiento en el ámbito espiritual, entre el poder opresivo del maligno y el poder liberador de Dios. Muchas iglesias nuevas, misiones u obras

---

[84] *Ibid,* p. 82.

nuevas, nacieron gracias a que hubo hombres y mujeres que creyeron en el gran poder de Dios, y no tuvieron vacilación alguna, para enfrentar las fuerzas del mal, con todo el respaldo divino en cada proyecto evangelístico para extender el reino de los cielos en esta tierra. Dios sigue realizando milagros y utilizando a siervos y a siervas que se dispongan a *"poner en práctica las obras de Dios"* (Jn. 6:28), para alcanzar a otros y traer reconocimiento y gloria a aquel a quien siempre le pertenece; a Cristo el sanador y obrador de milagros.

II. LOS MILAGROS DE SANIDADES DE DIVERSAS ENFERMEDADES

A. Jesús sana a la suegra de Pedro (Mt. 8:14-17; Mr.1:29-34; Lc.4:38-41)

Si la expulsión del demonio manifiesta la autoridad y el poder del Señor, la sanidad de la suegra de Pedro muestra Su ternura. Por el contexto de Marcos 1:30 y Lucas 4.38, parece que la familia le rogó que le sanara; los milagros del maestro parece que habían despertado la fe en su corazón. Nos dice Marcos que: *"él se acercó y la tomó de la mano y la levantó, y ella les servía"*. "El gesto de tomar a una persona de la mano indica compasión, ternura e identificación con ella, su contacto le comunicó la virtud sanadora"[85].

Inmediatamente aquella mujer sirvió comida a Jesús y a sus discípulos y los atendió, lo cual evidenció que su sanidad fue total. Esto es algo extraordinario, porque Lucas, como todo un médico, describe a esta enfermedad *"como una gran fiebre"* (probablemente una fiebre palúdica que es común en las regiones pantanosas situadas entre el lago y el río Jordán). Esta clase de fiebre siempre deja débil a la persona; sin embargo, la suegra de Pedro, una vez sana, tuvo fuerzas inmediatamente para servir a aquel grupo de hombres. Recordemos que el contacto con Jesús también hoy activa su inmutable poder, y su virtud sanadora está todavía al alcance de los que creen (Stg. 5:14-16). Jesucristo puede sanar hoy toda clase de enfermedad.

Los sucesos que siguen (Lc. 4:38-41), se caracterizan por su hermosura

---

[85] *Ibid,* p. 83.

extraordinaria. Al ponerse el sol, una gran multitud se reunió alrededor de la casa de Pedro; la noticia de los milagros se había propagado por toda la ciudad por lo que sus habitantes trajeron a sus enfermos y endemoniados; Jesús los sanó a todos.

Mateo cita la profecía de Isaías en cuanto al siervo sufriente: *"Él mismo tomó nuestras enfermedades, y llevó nuestras dolencias"* (Mt. 8:17).

B. Jesús sana a un leproso (Mr. 1:40-45; Lc. 5:12-16; Mt.8:2-4)

Debemos comprender que este milagro sirve como ejemplo de las muchas otras obras de poder que realizó el Señor en su labor evangelística por Galilea. La lepra es una enfermedad repugnante que conduce paulatinamente a la muerte. Puesto que se consideraba a la lepra como una inmundicia y a los leprosos como intocables, se les exigía que viviesen apartados de las ciudades y aislados de la sociedad. Se quedaban fuera de las murallas de las ciudades y a veces vivían en las tumbas. Tenían que llevar cubierta la boca y gritar a todos los que se les acercaban: "¡Soy inmundo!"; si violaban estas reglas, el pueblo tenía el derecho de apedrearlos.

Se considera que la lepra es un verdadero símbolo del pecado, de su degradación y de su poder degenerativo tanto para el cuerpo como para el alma. Por tanto, la presentación gráfica que hace Marcos de la sanidad del leproso nos hace ver el poder de Jesús para purificar, sanar moralmente y restaurar al pecador.

Es evidente que el leproso tenía confianza en Jesús. Se atrevió a acercarse a él, a pesar de ser un acto prohibido por la ley. Había tenido noticias de otras sanidades que el Señor había efectuado y creía que podría sanarlo, pero no estaba seguro de que el Maestro quisiera hacerlo con él: *"Si quieres, puedes limpiarme"*. Dudó del amor del Maestro; hoy muchos creen que Cristo puede sanarlos, pero dudan que sea Su voluntad hacerlo.

El Señor no se alejó del leproso, ni cambió su semblante ante él, sino que extendió la mano y le tocó. Una palabra Suya habría bastado, pero le quería comunicar su compasión y amor; no sólo era el Salvador poderoso, sino el amigo afectuoso. *"Le dijo: Quiero, sé limpio"*. El contacto de Jesús con el leproso no lo contagió a él, sino que era necesario dejar limpio al leproso. Este episodio nos muestra que ni el poder ni el amor del Salvador tienen límites. Jesús quiere sanar el cuerpo y limpiar el alma, y lo puede hacer si se acude a él con confianza en su poder y en su buena disposición.

El hecho de que Jesús le ordenara al hombre ya sanado que fuera ante un sacerdote para que lo examinara y ofreciera el sacrificio prescrito por la ley, demostraría a los judíos que él la respetaba (Lv. 14). También servía como testimonio ante los sacerdotes[86].

Ahora le daremos atención a la tercera clasificación de los milagros de Jesús.

III. LOS MILAGROS DE RESURRECCIÓN

A. Jesús resucita al hijo de la viuda de Naín (Lc. 7:11-17)

En este relato vemos el poder de Cristo expresado en su forma más dramática: el dominio sobre la muerte. Su autoridad traspasa las barreras de la existencia material, de tal manera que los muertos recuperan, no una apariencia fantasmal, sino la vida misma, vibrante y llena de energía. Sólo Lucas nos cuenta el milagro y el hecho como evidencia de su interés por los que sufren y por los que la sociedad menosprecia.

Hasta este punto Jesús ha sanado enfermos, pero ahora resucita a un muerto. Según los cuatro evangelios, el Señor no resucita a muchos muertos, sino solamente a tres: al hijo de la viuda, a la hija de Jairo y a Lázaro quién después de haber estado cuatro días muerto, lo resucita en presencia de una buena cantidad de gente. No lo hace por amor a los fallecidos sino por los deudos o familiares del fallecido. Para el creyente que parte de este mundo, la muerte no es una tragedia; al contrario, significa la entrada en un estado *"muchísimo mejor"* (Fil. 1:23). En cambio, es una devastación emocional para los que sobreviven.

El motivo que impulsó a Jesús en la resurrección del joven fue su compasión por la viuda (Lc. 7:13). No le pidieron que realizase el milagro; lo que lo movió fue la súplica silenciosa del dolor y la angustia humana de esta madre. El cadáver que se llevaba al cementerio no significaba solamente la pérdida de su único hijo, sino también la de su único sustento. No es difícil imaginar la congoja que embargaba a la viuda.

El Señor habló al joven fallecido como si éste pudiera oír y obedecer.

---

[86] *Ibid,* pp. 126, 127 y 137.

Su mandato llevaba en sí mismo el poder para que obedeciera. Para Jesús, resucitar a un muerto no es más difícil que despertar a uno que está dormido. Para nosotros, el episodio es un recordatorio acerca de la esperanza de que en el cielo se enjugará toda lágrima de los acongojados, y de que: *"viene la hora, y ahora es, cuando los muertos oirán la voz del Hijo de Dios; y los que la oyeren vivirán"* (Jn. 5:25).

En Lucas 7:13, se le da a Jesús el título de *"Señor"* (*Kyrios*), término que la versión griega del AT, la "septuaginta", utiliza para sustituir a *"Jehová"*; el nombre propio de Dios *Kyrios* significa: "El que tiene poder sobre alguien o algo; el que ejerce influencia, no por tener mayor fuerza, sino por la fuerza de su personalidad"[87]. Cuando se divinizaba a los emperadores este era el título que se les daba, era una confesión de que el emperador era un dios en la tierra, y en particular en el imperio romano. El vocablo usado por Lucas indica que Jesús es el dueño de todo y tiene toda autoridad para mandar. El milagro de la resurrección del joven demuestra que él es Señor sobre la vida y la muerte.

B. La resurrección de la hija de Jairo (Mr. 5:21-43)

Una vez que Jesús hubo sanado a la mujer del flujo de sangre, se dirigió a la casa de Jairo y al instante les vinieron a dar la fatal noticia que su hija ya había muerto. Esta noticia no desalentó en lo absoluto a Jesús, quien le dirigió unas palabras de consuelo al afligido padre: *"No temas, cree solamente"*.

Entonces eligió a tres de sus discípulos para que lo acompañaran: Pedro, Jacobo y Juan, son los mismos que estarían con él en la transfiguración y en el Getsemaní. ¿Hace acepción de personas el Señor? No, pero sí elige a algunas para que realicen un servicio especial. Usa sobre todo a aquellos que desarrollan una intimidad espiritual con él y le muestran que está dispuestos a tomar mayor responsabilidad en Su Reino.

1. La forma en que Dios ve la muerte.

La frase *"la niña no está muerta, sino que duerme"*, demuestra que así ve Dios la muerte de los suyos; no significa más que un sueño, una separación temporal del alma y el cuerpo que termina con la resurrección.

---

[87] Ibid, p. 156.

El término "muerte" significa la separación del alma y el cuerpo. La muerte espiritual es la ruptura de la comunión con él. La separación del alma y el cuerpo sólo es un símbolo visible de una realidad mucho más trágica: la separación de Dios.

2. El milagro realizado.

Jesús echó fuera a todos, en el caso de la niña muerta, excepto a los padres y los tres discípulos, probablemente porque la incredulidad de las plañideras, lloronas profesionales, a quienes para eso les pagaban, impedirían la realización de un milagro (véase Mt. 13.58). Cuando dijo: *"Niña, a ti te digo levántate"*, ella se incorporó, con lo cual quedó demostrado plenamente que el Maestro tenía dominio sobre la muerte[88].

C. La resurrección de Lázaro (Jn. 11:1-44)

Este pasaje narra una historia real, poderosa y conmovedora. Su contenido denota: el amor compasivo del Señor Jesucristo y su amistad sincera con una familia de Betania. Aquí se revela su poder y autoridad para resucitar a Lázaro, miembro de dicha familia. Este era hermano de María, la mujer *"que ungió al Señor con perfume y secó los pies de Cristo con su propio cabello"* (v. 2 NVI). Cuando Jesús recibió la noticia de que su amigo Lázaro estaba enfermo; les dijo a sus discípulos que esa enfermedad no era para muerte; sino para que se manifestara la gloria de Dios. Poco tiempo después, les dijo a sus discípulos que lo acompañaran y que: *"nuestro amigo Lázaro duerme; pero voy para despertarlo"* (v. 11). Sus discípulos creyeron que se refería al hecho de despertar del sueño normal a una persona. Sin embargo, Jesús se refería a que Lázaro ya había muerto. En sus palabras se puede apreciar la fe, confianza, seguridad y el poder que tenía Nuestro Señor Jesucristo para resucitar al que había muerto.

María, la hermana de Lázaro, aunque era una fiel creyente y creía firmemente en la resurrección del día postrero (v. 24), no obstante, tenía duda de que su hermano resucitaría en aquel instante, debido que al momento de arribar Jesús al lugar, ya habían transcurrido 4 días del deceso. Cristo le animó con estas palabras de: *"¿No te he dicho que si*

---

[88] Hoff, *Op. Cit,*. pp 156, 157.

crees verás la gloria de Dios (v. 40)? En esta escena, de igual forma se puede observar la humildad de Jesús, ya que antes de manifestar su poder para resucitar a Lázaro, oró a Dios y dijo: *"**Padre, gracias te doy porque me has escuchado, ya sabía yo que siempre me escuchas; pero lo dije por la gente que está aquí presente. para que crean que tú me enviaste. Dicho esto, gritó con todas sus fuerzas: -¡Lázaro sal fuera! El muerto salió, con vendas en las manos, y el rostro cubierto con un sudario. -Quítenle las vendas y dejen que se vaya- les dijo Jesús".* (vv. 41-44) NVI[89]. Este es el milagro de resurrección efectuado por Jesús, que con más frecuencia es mencionado por maestros y predicadores. ¡Cristo hace milagros excepcionalmente extraordinarios!

Pasemos a la última clasificación de los milagros de Jesús.

IV.   LOS MILAGROS EN LA ESFERA SOBRENATURAL

A.   La alimentación de los cinco mil (Mt. 14:13-21; Mr. 6:30-44; Lc. 9:10-17)

Hay algunas lecciones en este milagro: Demuestra la profunda comprensión que siente el Señor al ver la necesidad humana. Revela su poder creador. El milagro se realiza a través de la bendición de Cristo: *"Levantando sus ojos al cielo, los bendijo..."*; el milagro demuestra la importancia de que sus seguidores colaboren con él en la obra de ministrar a las necesidades físicas y espirituales de la gente; él multiplicó los panes, los discípulos fueron quienes los repartieron. Y a ellos se les pidió que recogieran lo que sobró, lo que nos enseña que Dios no quiere que se desperdicien sus bendiciones[90].

B.   La alimentación de los cuatro mil (Mt. 15:32-39)

La segunda multiplicación de los panes se realizó probablemente en la región montañosa situada al oriente de la parte meridional del lago, entre

---

[89] Nota proporcionada al autor por la Escritora Dominicana, Digna E. Pérez de Disla, durante la clase de Cristología, en el Módulo de la Facultad de Teología, dictado en Santo Domingo, República Dominicana, los días del 15 al 20 de octubre del 2012.
[90] *Ibid,* pp. 136, 137.

15 y 18 kilómetros al sur del lugar donde Jesús dio de comer a los cinco mil. Los relatos de ambos milagros reproducen, en lo esencial, los mismos acontecimientos, pero se diferencian entre sí por los detalles. En el caso de la alimentación de los cinco mil, la multitud había estado con Jesús un solo día; en cambio los cuatro mil llevaban tres días con él. En la primera multiplicación, un muchacho tenía cinco panes y dos peces; en la segunda había siete panes y unos pocos pececillos. En la primera ocasión el milagro se realizó con los judíos, en esta segunda fue entre los gentiles. Parece extraño que los discípulos contestaran la pregunta de Jesús sin insinuar ninguna esperanza de que repitiese el milagro de alimentar a la multitud. Sin embargo, los evangelios sinópticos presentan a los discípulos desde el principio hasta el fin como muy lentos para comprender a Jesús. No es un doble relato del mismo suceso, puesto que el Señor se refirió a las dos distintas ocasiones (Mt. 16:9-10 y Mr. 8:19-20).

C. Cristo calma la tempestad (Mt. 8:23-27; Mr. 4:35-41; Lc. 8:22-25)

En este relato vemos la humanidad del Señor. Jesús había trabajado intensamente, casi más allá de los límites de su fuerza física. Se debió haber sentido muy fatigado, por lo cual dormía profundamente. En ninguna otra ocasión se menciona su sueño, aunque es obvio que tenía que dormir y alimentarse.

1. Descripción del lago y la tormenta.

En el transcurso del viaje, se levantaba una de las repentinas tempestades que caracterizan a esta extensión de agua. El mar de Galilea está rodeado de cerros, por lo cual los vientos y tempestades se encajonan en la hondonada; en un momento agitan profundamente el mar y hace casi imposible gobernar la embarcación. Esta tempestad fue tan grande que asustó a los discípulos, a pesar de estar ellos acostumbrados a las tormentas en el mar. Entonces despertaron a Jesús y le dijeron un poco resentidos: *"Maestro, ¿No te importa que perezcamos?* (Mr. 4:38, Biblia Jerusalén). Sólo Marcos nos dice las palabras que Jesús le dirige al mar: *"Calla, enmudece",* tal como le ordenó al espíritu inmundo (Mr.1:25), como si se tratara de un animal feroz. El hecho de que cesa el viento y sobreviene una gran bonanza, señala que Jesucristo tiene dominio sobre la naturaleza, lo cual es evidencia también de su divinidad.

2. Lecciones prácticas de este milagro.

De esta narración se desprenden algunas lecciones prácticas: La obediencia a Cristo no nos libra de pasar por momentos muy difíciles. Los discípulos estaban en la senda de la voluntad divina cuando los azotó la tempestad. La firme reprensión del Señor nos enseña que aún en las circunstancias más angustiosas estamos en las manos de nuestro Padre Celestial y podemos sentirnos seguros. También el hecho de que Cristo pudo dar reposo al espíritu de ellos nos enseña que al terminar el día debemos aprender a dejar el trabajo y las preocupaciones a un lado y dar descanso al cuerpo y al espíritu para que evitemos el quebrantamiento de nuestra salud[91].

Naturalmente que Cristo realizó, en esta esfera, otros milagros como el caminar sobre el agua, la conversión del agua en vino, por mencionar solo algunos más.

V.   LOS PROPÓSITOS DE LOS MILAGROS

¿Por qué hizo milagros? Sus obras de poder sobrenatural tenían varios propósitos.

A. Revelaron la bondad y misericordia de Dios hacia los que se hallan en desgracia (Mr.1:41; 8:2)

Dios no es indiferente al padecimiento humano; tiene compasión de los que sufren. Al ver estas obras de misericordia, muchas personas creen en su amor. Sus milagros dan una evidencia clara del interés especial que Cristo tiene por cada persona. Los milagros sirven como anticipo de bendiciones mayores, que solo se obtienen a través de una relación y comunión continua con él.

---

[91] *Ibid*, pp. 87, 88.

B. Sirvieron de credenciales a su persona y misión

Jesús se presenta como Rey Universal y divino, digno de confianza y sumisión. En el evangelio de Juan, se emplea el término *"señal"* para referirse a sus milagros. Jesús dijo: *"**Las mismas obras que yo hago, dan testimonio de mí, que el Padre me he enviado**"* (Jn. 5.36). Sus obras son *"señales"* de su divinidad y misión. Juan el Bautista le envía mensajeros con una pregunta: *"**¿Eres Tú aquél que había de venir, o esperaremos a otro?**"*, Jesús le contesta señalando sus obras como evidencias de su carácter Mesiánico (Lc. 7:18-23). Los milagros de Jesús, Sus incomparables enseñanzas y la perfección de carácter que manifestó, se sostienen mutuamente y constituyen el cimiento de nuestra fe en un Cristo divino y poderoso.

C. Sirvieron como demostraciones de poder acerca de su misión salvadora

Junto con las sanidades corporales, el Señor quería que los hombres lo aceptaran como médico de sus almas, cuyos pecados venía a sanar. Algunos expositores de la Biblia consideran que ciertas enfermedades representan al pecado. Por ejemplo, la lepra simboliza lo repugnante que es el pecado, mientras que la parálisis representa su consecuencia: la imposibilitación. Jesús obró milagros con el fin de conducir a los hombres a la fe en el poder salvador de Dios que se manifestaba en él (Mr. 9:23-24).

Los modernistas y materialistas niegan la posibilidad de los milagros. David Hume alegaba que los milagros habrían constituido violaciones de las leyes naturales. Contestamos que es más adecuado afirmar que los milagros trascienden las leyes naturales, y que son actos inteligentes de un Dios personal y soberano. Si Dios estuviera limitado por la ley natural, sería prisionero de ella y dejaría de ser Dios. Los científicos que rechazan los milagros basan su actitud en la suposición de que todo lo que hay en el universo es material; nada puede acontecer que no pueda atribuirse a causas naturales. Ellos suponen que lo saben todo, pero se equivocan al pensar que toda realidad puede ser examinada con el microscopio, el telescopio y el tubo de ensayo. Ignoran las cosas espirituales. Pasan por alto la contundente evidencia de la resurrección de Cristo, la cual constituye el milagro que confirma la autenticidad de sus muchas obras de poder[92].

Cristo demostró un poder tal sobre las fuerzas de la naturaleza que ese poder pertenece únicamente al autor de todas las fuerzas. Los milagros de Cristo han servido para autenticar el cristianismo evangélico.

APLICACIONES

- Me inspira mucho compartir con otros el hecho de que Cristo tiene pleno dominio sobre los demonios, la brujería, santería y la enfermedad y que puede liberar a todo aquel que deposita su fe en él.
- Su dominio sobre la naturaleza me muestra que aunque pase por grandes tormentas, en sus manos Cristo tiene todo el control, y que en él puedo descansar aunque el mundo, aparentemente, "se me esté cayendo encima".
- También me enseña que la obediencia a Cristo, no me libra de pasar por momentos difíciles, pero me da la seguridad de que puedo contar siempre con su presencia y ayuda fiel.
- En la actualidad los milagros continúan efectuándose para manifestar los atributos divinos de Cristo, para acercar el reino de Dios por medio de la salvación y para otorgar las credenciales a aquellos que proclaman sobre él. No hay milagro que ocurra sin propósito alguno, Dios siempre ha usado los milagros con un propósito definido.

CONCLUSIÓN

Los milagros que Cristo realizó son portentosos; van desde la sanidad de diversas enfermedades hasta la expulsión de demonios y la resurrección de muertos. Aún las leyes naturales fueron alteradas en la realización de los milagros de Jesús; por ejemplo: al caminar sobre las aguas, al convertir el agua en vino, entre otros. Además, él tuvo propósitos bien definidos al llevar a cabo toda clase de milagros.

---

[92] Josh McDowell. *Evidencia que exige un veredicto*, p. 126.

LA DEIDAD DE CRISTO

"MUCHO MÁS QUE EL HIJO DEL CARPINTERO"

Hoy por hoy, uno de los ataques más serios que ha tenido que enfrentar el cristianismo, en cuanto a su cuerpo doctrinal, es la negación de que Cristo es Dios. Aquellos que venden propaganda religiosa casa por casa, dicen que Cristo fue sólo un maestro, un hombre de bien, un personaje de la historia con una vida ejemplar, pero que no es Dios o el Hijo de Dios. La falta de conocimiento bíblico y de argumentos convincentes acerca de la deidad de Cristo, escasea entre una buena cantidad de creyentes en el pueblo cristiano pentecostal y el deseo de conocer mejor a Jesús son las razones que dan origen este tema.

I.   LA IMPORTANCIA DE CRISTO EN LA HISTORIA

A. Él dividió la historia en dos períodos principales

Jesucristo no es un personaje limitado a la Biblia; la misma historia da testimonio de la profunda influencia que ha ejercido sobre ella, al grado de dividirla en dos partes (a. C. y d. C.). Emery H. Bancroft menciona al respecto que:

> Jesucristo es la figura central de la historia del mundo. El mundo no lo puede olvidar mientras recuerde la historia (reciente), ya que la historia es la historia de Jesucristo.

Dejarlo fuera sería como la astronomía sin las estrellas, o la botánica con las flores olvidadas. Horace Bushnell dijo: **"sería más fácil desenredar todos los rayos de la luz del cielo, y separar y borrar uno de los colores primarios** (del arco iris) **que quitar del mundo la persona de Jesús".** La realidad de Jesucristo no sólo está integrada firmemente en la historia humana, y escrita sobre la página abierta de la Escritura, sino que también está experimentalmente personificada en la vida de millones de creyentes, y entrelazada en el sistema de toda civilización digna de este Nombre[93].

B. Su influencia trasciende toda cultura y religión en el mundo

Ningún líder religioso ha tenido tanta influencia en la humanidad. Mahoma, Buda o Confucio han influido en países y culturas. Sin embargo, el impacto de Cristo y su mensaje ha trascendido naciones, tribus y lenguas, ha llegado a culturas y a los lugares más recónditos.

La Biblia es el único libro con autoridad divina que posee la última palabra en materia de fe, y nos revela la divinidad de Cristo mostrando claras evidencias. A continuación, se presentan cuando menos, cuatro argumentos bíblicos acerca de dicha verdad; sus nombres y títulos, la adoración que se le rinde y sus propias afirmaciones de que él es Dios.

II.   LA ADORACIÓN DIVINA QUE SE LE OTORGA

Una de las características principales de la deidad de Cristo que se pueden mencionar, es el hecho de que fue adorado continuamente por muchas personas. Bancroft afirma que: "la adoración tal como la recibía Cristo comúnmente, se debía solamente a la deidad. El recibir tal adoración, hacía un reconocimiento práctico de Su deidad"[94].

Notaremos cuatro aspectos importantes acerca de la adoración otorgada a Jesucristo:

---

[93] Emery H. Bancroft. *Fundamentos de la Teología Bíblica,* p. 144.
[94] *Ibid,* p. 171.

A. La adoración está reservada únicamente para Dios

Postrarse para rendir homenaje es el acto más grande de adoración y veneración que puede realizarse para Dios (Jn. 4:20-22, Hch. 8:27). La Escritura dice: *"Al Señor tu Dios adorarás"* (Mt. 4:10, Lc. 4:8). Si Cristo no fuese Dios, el homenaje dado a él en las escrituras neotestamentarias, no sería nada más que idolatría sacrílega.

En la Biblia se citan casos de personas que indebidamente aceptaron la adoración otorgada solamente a Dios, y del castigo repentino y terrible que se les proporcionó; uno de ellos fue Herodes (Hch. 12:20-23)[95].

B. Jesús recibió adoración como Dios y la aceptó

Mucha gente lo adoró; he aquí algunos ejemplos:

✓ El leproso *"se postró ante él ..."* (Mt. 8:2)
✓ El hombre que había nacido ciego, después de haber sanado *"le adoró"* (Jn. 9:35-39).
✓ Los discípulos *"le adoraron, diciendo: Verdaderamente eres el Hijo de Dios"* (Mt. 14:33).
✓ Tomás exclamó: *"¡Señor mío y Dios mío!"* (Jn. 20:27-29)[96].

Jesucristo aceptó la adoración sin vacilar. *"Vosotros me llamáis Maestro y Señor; y decís bien, porque lo soy"* (Jn. 13:13). En otras ocasiones hizo lo mismo (Lc. 5:8; 24:52 y Jn. 4:10). Él aceptó la adoración porque a él le correspondía.

C. Los discípulos rechazaron el ser adorados

Hubo hombres consagrados a Dios que rechazaron enfáticamente que se les adorara: Pedro (Hch. 10:25,26), Bernabé y Pablo (Hch. 14:14,15); aún el ángel impidió al apóstol Juan que le adorara (Ap. 22:8,9). Cristo en cambio, no mostró la más leve renuencia a que lo adoraran; por lo tanto, o Cristo era Dios o era un impostor.

---

[95] *Ibid*, p. 172.
[96] Josh McDowell. *Evidencia que exige un veredicto*, pp. 97, 98.

Pero toda su vida refuta la idea de que fuera un impostor. Sin ambigüedades él proclamó que era, es y seguirá siendo Dios.

D. Es la voluntad perfecta de Dios que Cristo debe ser adorado

La carta a los Hebreos (1:6) nos dice: *"Y otra vez, cuando introduce al primogénito al mundo dice: Adoradle todos los ángeles de Dios"* véase Filipenses 2:10,11 y compárese Isaías 45:21-23 con Juan 5:22,23.

Jesucristo, en armonía con la voluntad revelada de Dios, acepta libremente la adoración que le pertenece a la deidad, la cual los hombres de Dios y ángeles rechazaron enfáticamente. [97].

III. LOS TÍTULOS DIVINOS QUE LAS ESCRITURAS ASIGNAN A JESUCRISTO

A. El Verbo de Dios

En la primera parte del capítulo 1 del evangelio de Juan (vv. 1-18), se presenta a Cristo como el *logos*. Este vocablo griego es traducido en la Reina Valera proveniente del latín *verbum*, "palabra", "mensaje", "afirmación" o "el acto de hablar". David Nichols menciona que hay que reconocer que en Juan 1, *logos* tiene un significado especializado; es descrito como una **hipóstasis** (Jn. 1:3): una existencia personal y distinta de un ser real y verdadero. Menciona que Juan 1:1 las afirmaciones **"el Verbo *era con* Dios"** y **"el Verbo *era* Dios"** son ambas verdaderas, y explica que aunque algunos alegan que la frase: **"era Dios"** significa que era un dios, puesto que el griego *zeós* no tiene el artículo determinado *ho* "el", en esta frase. Sin embargo, *zeós* aparece sin el artículo en Juan 1:18, donde se refiere claramente a Dios el Padre. Además de esto, en la confesión de Tomás, *"¡Señor mío y Dios mío!"*, las palabras *"Dios mío"* traducen las palabras griegas *hozeósmú*, donde sí aparece el artículo. Por consiguiente, en Juan 1:1, cuando se dice que era Dios, es necesario recalcar que siempre se escribe con la "D" mayúscula[98].

Se puede notar de igual forma que es en el Verbo donde se halla la vida. En San Juan 1:4 se declara: *"En él estaba la vida, y la vida era la luz de*

---

[97] Bancroft, *Op. Cit.*, pp. 171, 172.
[98] Stanley M. Horton. Ed. *Teología Sistemática - un perspectiva Pentecostal -*, p. 301.

los hombres". Puesto que es en Jesús donde está localizada la vida, él es el único de quien es posible obtenerla. Aquí se está describiendo una cualidad particular de vida: la vida eterna. Esta vida, Dios nos la ha hecho disponible con su poder dador de vida, a través de la palabra viva. Solamente tenemos vida eterna cuando la vida de Cristo está en nosotros[99].

Este importante capítulo de Juan continúa indicando que el mundo no reconocería al Verbo: *"la luz en las tinieblas resplandece, y las tinieblas no prevalecieron contra ella"* (1:5). En el contexto inmediato se lee que Juan el Bautista vino como testigo a favor de esa luz. *"Aquella luz verdadera, que alumbra a todo hombre, venía a este mundo. En el mundo estaba, y el mundo por él fue hecho; pero el mundo no le conoció"* (vv. 9,10). ¡La segunda persona de la trinidad estuvo aquí! ¡¡y el mundo no lo reconoció!! El v. 11 enfáticamente engloba este pensamiento: *"A lo suyo vino* [a su propio lugar, a la tierra que él había creado]*, y los suyos* [Israel, su propio pueblo] *no le recibieron"*[100].

La descripción clave a cerca del Verbo se encuentra en el 1:14: *"Y aquel Verbo fue hecho carne, y habitó entre nosotros"*. Los filósofos griegos consideraban que Dios (*Theos*) era algo trascendente, inmaterial, incorpóreo y muy difícil de conocer. Por lo tanto, para que el hombre pudiera tener alguna relación con Dios debería existir un "algo" que vinculara al hombre con Dios, eso era para ellos el logos; la razón suprema, el conocimiento superior. Juan, evidentemente, conocía este concepto y lo aplica a Cristo. Al tomarlo lo enriquece añadiéndole expresiones de eternidad, personalidad propia distinta al Padre y su propia divinidad. Él declara que ese *Logos* que los griegos decían, era el Cristo y que el *Logos* era Dios [101]. El *Logos* preexistente tomó carne humana y caminó entre nosotros[102].

B. El Creador del Universo

Este es otro de los títulos importantes que las escrituras le atribuyen a Jesús como Dios y Señor. Juan afirma: *"Todas las cosas por él fueron*

---

[99] *Ibid,* p. 302.

[100] *Ibid,* p. 302.

[101] Arnoldo Curiel, Ed. El expositor, *¿Quién dicen los hombres que soy yo? Cristología Devocional,* p. 13.

[102] Horton, *Op. Cit.,* p. 303.

hechas y sin él nada de lo que ha sido hecho fue hecho" (Jn. 1:3). Dios hablando por medio de Pablo declara: "*Él (Cristo) es la imagen del Dios invisible, el primogénito de toda creación. Porque en él fueron creadas todas las cosas las que hay en los cielos y las que hay en la tierra, visibles e invisibles; sean tronos, sean dominios, sean principados, sean potestades, todo fue creado por medio de él y para él*" (Col. 1:16).

Cuando se refiere a que él es *primogénito de toda creación* "se usa aquí en el sentido de gozar de una posición única en relación con la creación; no implica que Jesucristo fuera una creación"[103]. Se puede notar que Cristo está excluido de las "*cosas creadas*" y que él es el origen de todas ellas. Jesucristo es el Creador y no la criatura, y como tal es infinito y no finito; Divino y no humano; Dios y no solamente hombre.

C. El Sustentador de todas las cosas

Tal asignación constituye otra evidencia bíblica de su divinidad. El escritor a los Hebreos lo presenta así: "*El cual, siendo el resplandor de su gloria, y la imagen misma de su sustancia, y quien sustenta todas las cosas con la Palabra de su poder, habiendo efectuado la purificación de los pecados por medio de sí mismo, se sentó a la diestra de la majestad en las alturas*" (Heb. 1:3). Él es el que sostiene todas las cosas. "Cristo no es como Atlas, el dios mitológico griego que sostenía el mundo sobre sus hombros. Es el Hijo, que mantiene unido en un todo lo que él mismo creó (Col. 1:17)"[104].

Lo que nosotros llamamos las leyes de la naturaleza son las acciones de la voluntad del Hijo de Dios. La preservación de todas las cosas, lo cual es la función divina, se le atribuye a Cristo demostrando de esta manera su deidad (Col. 1:15-20).

D. El perdonador de pecados

La Biblia es una fuente auténtica y creíble en la cual toda persona se puede basar para saber qué atributos personales poseyó Jesús. El dinámico evangelio de Marcos narra lo siguiente:

---

[103] Mervin Breneman. (Ed. Gral). *La Biblia de Estudio Harper/ Caribe*, p. 1272.
[104] Luciano Jaramillo, (Ed. Gral). *La Biblia de Estudio NVI*, p. 1950.

"Al ver Jesús la fe de ellos, dijo al paralítico: Hijo tus pecados te son perdonados... Pues para que sepáis que el Hijo del hombre tiene potestad en la tierra para perdonar pecados (dijo al paralítico): A ti te digo: Levántate, toma tu lecho, y vete a tu casa" (Mr. 2:5,10,11). Se puede comparar esta narración con Lucas 7:48-50.

El perdonar pecados es una prerrogativa, privilegio y derecho divino que Cristo tiene. Inclusive los fariseos notaron que él asumió ese derecho sin titubear. Él no sólo declaró poder perdonar pecados, sino que de veras los perdonó. En el reclamo que le hicieron a Jesús de que era capaz de perdonar pecados, los judíos reconocían que este era un reclamo a cerca de su deidad, ya que dijeron: *"¿Quién puede perdonar pecados, sino sólo Dios?"* (Mr. 2:7). El perdón de los pecados sólo es facultad de Dios; al asumirla, Cristo hacía una afirmación práctica de Su deidad.

E. El Juez de vivos y muertos

Este título no solo corresponde a su divinidad, sino que también incluye su señorío y soberanía. Pablo exhorta al joven pastor Timoteo, cuando exclama: *"Te encarezco delante de Dios y del Señor Jesucristo, que juzgará a los vivos y a los muertos en su manifestación y en su reino"* (2 Ti. 4:1), compárese con Mateo 25:31-33 y Juan 5:21-23. En el NT el juicio futuro le está asignado a Dios; y también se le asigna a Cristo. La conclusión lógica es que Cristo es el Dios que ejecutará todo juicio venidero.

El hombre de la cruz va a ser el hombre del trono. El que es el presente Salvador del hombre será su futuro juez. Los resultados del juicio están todos en sus manos. El que se le asigne a Cristo la ejecución del juicio, lo cual es una función divina, provee amplia prueba de su deidad.

F. El Dador de la vida eterna

Un último título de Jesús que se considera aquí es uno de los más importantes. Juan el teólogo asentó por escrito las propias palabras de Jesús cuando oró a su Padre: *"Como le has dado* (a Jesús) *potestad de toda carne, para que dé vida eterna a todos los que le diste"* (Jn. 17:20), Él mismo se declara poseedor de la vida eterna. Note la conversación que sostuvo Pedro con Jesús, a cerca del dejar casa, familia y bienes materiales por seguirle. Cristo le replicó que todo el que dejare todo esto por su causa, recibiría cien veces más en esta tierra y la vida eterna allá en el cielo (Jn. 10:28-30). Solo un ser que naturalmente posea vida eterna, puede otorgarla, ya que nadie puede dar lo que no tiene. Sólo Dios es poseedor de la vida eterna en el sentido absoluto; por lo tanto, Jesucristo, como el dador de vida eterna, debe necesariamente ser Dios[105].

Los títulos y funciones que pertenecen en forma distintiva a Dios son atributos de Cristo. Consideremos el cuarto y último argumento de la deidad de Cristo.

IV. ÉL MISMO AFIRMÓ SER DIOS

A. Tenía conciencia de su propia naturaleza

Cristo mismo sabía que él era divino. Lucas, es el único de los escritores de los Evangelios que registra un incidente de la niñez de Jesús (Lc. 2:47-49). Nos dice que a la edad de doce años, Jesús estaba consciente de dos cosas: De una relación especial con Dios, a quien describe como Padre, y de una misión especial en la tierra: *"en los negocios de mi Padre me es necesario estar"* (v. 49). Es decir, que Jesús a su temprana edad, tenía conciencia de su identidad propia y de cuál era su propósito dominante en la vida.

B. Sus afirmaciones

El afirmó ser Dios cuando dijo: *"Mi Padre hasta ahora obra, y yo obro"* (Jn. 5:17). Otra expresión que él usó fue la que pronunció al decir: *"Porque de él procedo..."* (Jn. 7:29). Él demostró poseer cualidades divinas como: Omnipresencia (Mt. 18:20); Omnipotencia, ya que tenía poder para resucitar muertos (Jn. 11:25; 10:17,18). Además, se proclamó él mismo como Juez y árbitro del destino del hombre (Jn. 5:22, 23; Mt. 25:31-33)[106] Josh McDowell, respecto a la deidad de Cristo afirma:

---

[105] Myer Pearlman. *Teología Bíblica y Sistemática,* pp. 148, 149.
[106] McDowell, *Op. Cit.,* p. 95.

La igualdad de Cristo con el Padre es clara y es demostrada en Jn. 10:30-33. ¿Reclamó Jesús ser Dios en otras partes de la Escritura? Los judíos dicen que sí lo hizo como podemos verlo en este pasaje:

"Yo y el Padre Uno somos, entonces los judíos volvieron a tomar piedras para apedrearle. Jesús les respondió: Muchas obras buenas os he mostrado de mi Padre; ¿por cuál de ellas me apedreáis? Le respondieron los judíos diciendo: Por buena obra no te apedreamos, sino por la blasfemia; porque tú, siendo hombre, te haces Dios".

Una interesante y reconfortante implicación sale a la luz cuando se estudia el significado de las palabras en griego. Con la ayuda del A. T. Robertson con su *Diccionario de Imágenes Verbales en el NT* hallamos que: "Uno (*hen*) es neutro, no masculino (*heis*). No una persona (compárese con Gál. 3:28), Uno se refiere a una esencia o naturaleza[107]. Cristo es uno en esencia con el Padre.

Es fascinante la forma como Greg Gilbert se expresa acerca de las afirmaciones de Cristo. Él comenta: "Jesús fue una persona extraordinaria. Él hizo y dijo cosas que simplemente la gente ordinaria no hace o dice. Aún más, las cosas que Jesús dijo no eran tan solo proverbios ingeniosos o dichos sabios. No eran simplemente consejos de cómo vivir mejor en el mundo. No, Jesús dijo cosas como: *"Yo y el Padre uno somos"* Y quizás aún más escandaloso que todo, [dijo] *"Nadie viene al Padre sino por mí"* ... Las personas comunes no dicen este tipo de cosas... Estas no son [solo] enseñanzas éticas que tu puedes decidir incorporar a tu vida o no. Estas son afirmaciones. Es Jesús diciendo lo que él cree que es la verdad"[108] .

---

[107] Bancroft, *Op. Cit.,* p. 145.
[108] Gilbert, *Op. Cit.,* p. 145.

APLICACIONES

- La deidad de Cristo es la respuesta a la necesidad humana de tener un Dios real que sí vivió en la tierra, él lo hizo ya que habitó entre los hombres. Él es el Emanuel el *"Dios con nosotros"*. Ahora el ser humano no necesita de amuletos, adorar a la creación, o una imagen sino alguien que tiene vida y puede habitar en un corazón y en una relación personal.

- Me llena de asombro la manera en que Cristo dividió la historia universal en dos, debido a su vida, muerte y resurrección y a la tremenda influencia que ha tenido en millones de creyentes alrededor del mundo. Y de la manera en que él, como Dios, sigue dividiendo la historia de quienes le entregan la vida a él, y pueden contar su existencia en un "antes" y un "después" de haberle conocido, siendo la segunda, su mejor etapa en esta tierra.

CONCLUSIÓN

Tanto los títulos, los oficios, la adoración que le tributaron y sus propias afirmaciones prueban la deidad de Cristo. Para el estudiante sincero, estas pruebas son suficientes para aceptar esta verdad; también serán convincentes para aquella persona que busca, con sinceridad, establecer una relación personal con Dios. Sin Cristo al ser humano le resulta imposible relacionarse con Dios.

Se puede tener un Confucionismo sin Confucio; un Budismo sin Buda, un Islamismo sin Mahoma; un Mormonismo sin José Smith y una Ciencia Cristiana sin Mary Baker Eddy. Pero no se puede tener un Cristianismo sin Cristo, porque estrictamente hablando, el Cristianismo es Cristo y Cristo es el Cristianismo. Primordialmente no es religión, sino relación y vida; y la vida es su vida y deidad, y la hace vivir en los creyentes.

"Pero sabemos que el Hijo de Dios ha venido, y nos ha dado entendimiento para conocer al que es verdadero; y estamos en el verdadero, en Su Hijo Jesucristo. Este es el verdadero Dios, y la vida eterna" (1ª. Jn. 5:20) *"Cristo en nosotros esperanza de Gloria"* (Col. 1:27).

CAPÍTULO 9

LA MUERTE DE CRISTO EN LA CRUZ

DIOS "HA MUERTO" [109]

El cristianismo es, quien proclama la salvación en forma distintiva, y da a la muerte de Cristo el primer lugar en su mensaje del Evangelio. De este modo el cristianismo tiene una posición exclusiva como causa redentora.

Hace algunos años se llevó a cabo en Chicago un encuentro de religiones en conexión con la feria mundial. En esa conferencia estaban representadas las grandes religiones del mundo; uno tras otro se fue levantado varios dirigentes y hablaron en representación del Budismo, Confucionismo, Hinduismo e Islamismo. Luego el Doctor Joseph Cook, de Boston, Massachusetts, para representar al cristianismo, se levantó para hablar y dijo: "Aquí está la mano de Lady Macbeth manchada con el vil asesinato del rey Duncan.

Obsérvela mientras camina como perdida por los pasillos y corredores de su palacio, deteniéndose para gritar: »¡Fuera mancha! ¡Te digo fuera!; ¿nunca estarán limpias estas manos?«". Luego el Dr. Cook dándose la vuelta

---

[109] Frase que hizo popular el filosofo alemán Friedrich Nietzsche. *La Gaya* (jovial) *Ciencia*, sección 125.

hacia aquellos que estaban sentados en la plataforma dijo: "¿Puede alguno de ustedes, que están tan ansiosos por propagar sus sistemas religiosos, ofrecer alguna limpieza eficaz para el pecado y la culpa del crimen de Lady Macbeth?". Un silencio opresivo fue mantenido por todos ellos, y bien que podían estar callados, ya que ninguna de las religiones allí representadas, ni ninguna otra religión sobre la tierra, puede ofrecer una limpieza eficaz para la culpa del pecado. Solamente la muerte y la sangre de Cristo, mediante el Espíritu eterno, se ofreció a sí mismo sin mancha a Dios para limpiar la conciencia de obras muertas y servir al Dios vivo[110].

I. LA IMPORTANCIA DE LA MUERTE DE CRISTO

Esto se muestra mediante:

A. Su conexión vital con la encarnación (Heb. 2:14 y 1 Jn. 3:5)

La encarnación se realizó con el propósito de la expiación, es decir, Cristo fue manifestado para quitar los pecados; se encarnó para que, al asumir una naturaleza como la nuestra, pudiera ofrecer su vida como sacrificio por los pecados de los hombres. La encarnación es una declaración de parte de Dios de su propósito de proveer salvación para el mundo. Esta salvación solamente va a ser provista a través de la vida y la sangre expiatoria de Cristo. Él vino para morir a fin de que nosotros pudiéramos vivir.

B. El lugar prominente que le dan las Escrituras (Lc. 24:27, 44)

Además de las numerosas referencias proféticas y tipológicas a cerca de ella en el AT, la muerte de Cristo se menciona más de 175 veces en el NT Jesús mismo declaró, en su conversación con los que iban camino a Emaús, que Moisés, los profetas, -en realidad todas las Escrituras del AT- tratan del tema de su muerte. De una manera figurada se puede decir que: "Su expiación es el hilo rojo que corre a través de cada página de toda la Biblia,

---

[110] Emery H. Bancroft. *Fundamentos de la Teología Bíblica,* pp. 199, 200.

corta la Biblia en cualquier parte y sangra; es roja con toda la verdad de la redención" (W. Evans, *Las grandes doctrinas de la Biblia*, p. 75).

    1.   Era un tema de cuidadoso estudio para los profetas del AT.

"Escudriñando qué persona y qué tiempo indicaba el Espíritu de Cristo que estaba en ellos, el cual anunciaba de antemano los sufrimientos de Cristo y las glorias que vendrían tras ellos" (1 Pd. 1:1 y 11). El acontecimiento central de toda la historia humana es la muerte de Cristo, su sangre solo simboliza su muerte. La cruz no sólo sobresale "por encima de las ruinas del tiempo", sino sobre todas las demás cosas que interesan al hombre.

    2.   Fue el único tema de conversación en la transfiguración.

"Y he aquí dos varones que hablaban con él, los cuales eran Moisés y Elías; quienes aparecieron rodeados de Gloria, y hablaban de su partida (del gr. éxodo*), que iba Jesús a cumplir en Jerusalén"* (Lc. 9:30, 31). Aquí tenemos esa joya: su muerte sacada de lo profundo del montón de basura de tradiciones judías, y por los verdaderos representantes de la ley y los profetas, hecha el único tema de conversación con Cristo mismo.

    La importancia de la muerte de Cristo se ve por el énfasis que Dios le ha dado en las Escrituras[111]. El gran sacrificio que Jesús hizo en la cruz tiene un efecto tan grande que nos alcanzó para llegar a ser propiedad de él. Este alcance es muy basto ya que abarca a personas: *"de todo linaje y lengua y pueblo y nación"* con un propósito escatológico, de que durante el milenio seremos con él *"reyes y sacerdotes y reinaremos sobre la tierra"* (v. 10).

    3.   Será el tema central en el himno del cielo (Ap. 5:8-12).

    La muerte de Cristo es muy importante ya que es el acontecimiento extraordinario de la historia, es la doctrina central del NT y puede ser enfatizada en las siguientes palabras:

    Cristo fue muerto (el acontecimiento) por nuestros pecados (la doctrina), 1ª. Corintios 15:3. La muerte expiatoria de

---

[111] *Ibid*, pp. 201-203.

Cristo es la característica única de la doctrina cristiana. Martín Lutero declaró que la doctrina cristiana se distinguía de toda otra, y especialmente de aquella que parecía ser cristiana, por el hecho de que es la doctrina de la cruz. Toda la batalla de la Reforma fue por la interpretación de la cruz. Los reformadores enseñaban que el que entiende la cruz correctamente, entiende a Cristo y a la Biblia[112].

II. LA NECESIDAD DE SU MUERTE

Es razonable creer que la muerte de Jesús era necesaria, de lo contrario, Dios el Padre jamás hubiera sometido a su entrañable Hijo al castigo de la terrible cruz. Analizaremos algunas razones de la necesidad de su muerte:

A. El amor de Dios la hizo necesaria

"En esto consiste el amor: No en que nosotros hayamos amado a Dios, sino que él nos amó a nosotros, y envió a su Hijo en propiciación por nuestros pecados" (1 Jn. 4:10; compárelo con Jn. 3:16 y 1 Jn. 3:1,2).

Juan escribió: *"De tal manera amó Dios al mundo que dio a su Hijo unigénito"* (3:16). Las palabras *"de tal manera"*, indican intensidad. Su amor era tan intenso, su presión tan grande, que por necesidad rompió los lazos de la deidad y se derramó en profusa plenitud sobre una raza perdida y arruinada. No fue un acontecimiento imprevisto o que sucedió por casualidad, sino fue el plan de Dios largamente establecido.

B. El pecado del hombre la hizo necesaria

"Porque vosotros erais como ovejas descarriadas, pero ahora habéis vuelto al Pastor y obispo de vuestras almas" (1 Pd. 2:25 compárese con Is. 59:1,2 y Ef. 2:13).

Fue la condición perdida y descarriada de la humanidad la que hizo necesaria la muerte de Cristo. Esta fue [como] el imán que atrajo al Hijo desde el cielo[113]. Jesucristo no podía quedarse indiferente en el cielo,

---

[112] Myer Pearlman. *Teología Bíblica y Sistemática,* pp. 183, 184.
[113] Bancroft, *O. Cit.,* pp. 204-206.

conociendo la condición deplorable del hombre y su incapacidad de poder salvarse a sí mismo, Jesús en forma voluntaria, por su muerte sustitutoria, vino y pagó el precio por nuestra salvación. Como bien lo afirma el apóstol Pablo: *"Porque también Cristo padeció una sola vez por los pecados, el justo por los injustos, para llevarnos a Dios, siendo a la verdad muerto en la carne, pero vivificado en espíritu"* (1ª. Pd. 3:18).

C. La justicia de Dios la hizo necesaria

Esdras declaró: *"Oh Jehová Dios de Israel, tú eres justo..."* (Esd. 9:15a). Daniel afirmó: *"porque justo es Jehová nuestro Dios en todas sus obras ..."* (9:14b). Jesús dijo: *"Padre justo, el mundo no te ha conocido, pero yo te he conocido ..."* (Jn. 17:25). Juan da como un hecho el que Dios es justo: *"el que hace justicia es justo, como él es justo"* (1ª. Jn. 3:7)

Este atributo de Dios se relaciona estrechamente con su santidad. Shedd, habla de la justicia de Dios como de "una forma de Su santidad" [114]. Su santidad requiere lo que el ser humano nunca podría producir para ser salvo. Entonces Dios mismo vino a solucionar el problema; envió a su Hijo, a morir por nosotros, para que una vez que depositemos toda nuestra fe en él, seamos justificados, Romanos 5:1. Cristo es el justo y es el único que justifica.

III. ASPECTOS POSITIVOS DE LA MUERTE DE CRISTO

Indudablemente que nadie puede dar una respuesta completa y satisfactoria a la pregunta: "¿Cuál es la naturaleza de la muerte de Cristo?". Sin embargo, se puede hacer la declaración general con la plena seguridad de su pureza escritural, que fue de naturaleza redentora; fue la obra salvadora de Dios en favor del hombre; hay algunas declaraciones bíblicas definidas y enseñanzas dadas, sobre las cuales basaremos los siguientes principios:

A. Estaba predeterminada (planeada o propuesta de antemano)

"A éste entregado por el determinado consejo y anticipado conocimiento de Dios, prendisteis y matasteis por manos de inicuos, crucificándole" (Hch. 2:23 compárese 1 P. 1:18-20; Ap. 13:8). La muerte

---

[114] Louis Berkof. *Teología Sistemática*, p. 87.

de Cristo tuvo su origen en la eternidad, era un hecho implícito en el corazón de Dios antes de que se convirtiese en una realidad del tiempo.

B. Fue voluntaria (por libre elección, no por obligación)

Jesucristo en forma categórica le declaró a tanto a los judíos y a *"algunos de los fariseos que estaban con él"* (Jn. 9:40), lo siguiente: *"Por eso me ama el Padre, porque yo pongo mi vida, para volverla a tomar. Nadie me la quita, sino que yo de mí mismo la pongo. Tengo poder para ponerla, y tengo poder para volverla a tomar. Este mandamiento recibí de mi Padre"*(Jn.10:17,18). A veces atribuimos la muerte de Jesús a los judíos, y otras veces a los soldados romanos, pero en el análisis final Jesucristo murió bajo el compromiso de su propia voluntad.

C. Fue expiatoria (llenó las demandas divinas)

"Cristo nos redimió de la maldición de la ley, hecho por nosotros maldición (porque escrito está: Maldito todo aquel que es colgado en un madero)" (Gá. 3:13 compárese Is. 53:4-6). La expiación, en un sentido más amplio, es la anulación de la culpa o el quitar el pecado por medio de alguna interposición meritoria.

D. Fue propiciatoria (cubriendo o haciendo favorable al creyente ante Dios)

"En esto consiste el amor: no en que nosotros hayamos amado a Dios, sino en que él nos amó a nosotros, y envió a su Hijo en propiciación por nuestros pecados"(1 Jn. 4:10 compárese Is. 53:8, 10-12 y Ro. 3:25)[115]. Propiciación significa, estrictamente, la remoción de la ira por medio de una ofrenda. En el AT se expresa por medio del verbo *kipper* (expiación). En el NT el grupo de voces relacionadas con *hilaskomai* es el de mayor importancia. La fuerza del concepto neotestamentario de la propiciación se ve en Romanos 3:24s. Somos *"justificados gratuitamente por su gracia, mediante la redención que es en Cristo Jesús, a quien Dios puso por*

---

[115] Bancroft, *Op. Cit.*, pp. 210-213.

propiciación por medio de la fe en su sangre"[116]. En la ley del AT, era el sacrificio que se ofrecía para aplacar la justicia divina y tener a un Dios propicio[117]. En el NT, significó el hacer expiación a base de satisfacer la ira divina contra el pecado por medio del sacrificio de Cristo en la cruz[118].

IV.   LOS BENEFICIOS DE LA MUERTE DE CRISTO

A.   El poder del pecado potencialmente anulado (Heb. 9:26)

El escritor a los Hebreos dijo: "***Pecado***" y no "pecados"; hay una fuerza especial en este término abstracto. Cristo no destruyó el poder de este o aquel pecado en particular, sino todo el pecado mismo que él destruyó con Su muerte; destruyó potencialmente el poder del pecado, al igual que expió los pecados reales. La crucifixión externa de Cristo que procura el beneficio del perdón es el poder interior que nos capacita para experimentar la crucifixión interior del yo (Gál. 2:20).

B.   Se asegura la redención de la maldición de la ley (Gá. 3:13; Stg. 2:10; Is. 42:21)

El creyente es redimido y rescatado y, en consecuencia, liberado de la maldición bajo la cual yacen todos los que confían en la ley y en las obras de ésta para justificación (Ef. 1:7). Se quita toda obstrucción legal para la salvación del hombre. Se expía, se anula la culpa, se otorga redención de la condenación y se refuta todo cargo que la ley pueda lanzar contra el pecador.

C.   Se provee liberación de la esclavitud de la ley (Col. 2:14; Ro. 7:1-4)

El creyente es "***crucificado con Cristo***" (Gá. 2:20), y esta muerte anula su obligación matrimonial hacia la ley, su sujeción a ella, dejándolo libre para estar unido al Resucitado, para el servicio y la capacidad de dar fruto.

La sujeción a la ley era un estado de esclavitud, y los hombres son

---

[116] J. D. Douglas y N. Hillyer. *Nuevo Diccionario Bíblico*, p. 1131.

[117] Vistor Compta, et. al (Red), *Diccionario Enciclopédico Larousse*, p. 827.

[118] Stanley M. Horton (Ed.) *Teología Sistemática* (Edición Ampliada), p. 653.

redimidos de ella mediante el poder revelado en la cruz e introducidos a la libertad del Evangelio[119].

APLICACIONES

- El valor de Cristo al morir me impulsa a vivir en forma determinada para servirle a él. Estoy consciente de que, si yo no estoy dispuesto a vivir por él, tampoco estaré dispuesto a morir por su causa si fuera necesario.
- El amor de Dios expresado en la muerte de Cristo nos da la capacidad de amar y perdonar a otros, porque somos libres de la esclavitud, de la maldición y del poder del pecado.
- La muerte de Cristo significa que el cargó todo nuestro pecado, todos nuestros problemas, preocupaciones y enfermedades, es decir, nos salvó, liberó, sanó y nos dio victoria, del cual nos apropiamos por medio de la fe en Jesucristo. La muerte de Cristo nos da vida y el estar juntamente crucificado, a diario, con él, se debilita el poder del pecado en mí.

CONCLUSIÓN

Cristo nació para morir por todos, y a través de su muerte logró pagar el precio del perdón de los pecados de la humanidad. La muerte de Cristo es el acontecimiento central de toda la Biblia, y de toda la historia de la humanidad. El amor y el propósito de Dios junto con el pecado del hombre hicieron necesaria su muerte. Pero también ésta nos provee de algunos beneficios: Nos libra del poder del pecado y de la maldición de la ley. Sin embargo, es necesario que tengamos una visión fresca y clara de lo que sucedió en el calvario y que mantengamos un amor ferviente y creciente por nuestro Salvador Jesucristo a raíz de su muerte en la cruz.

---

[119] Bancroft, *Ibid* pp. 220, 221.

CAPÍTULO 10

LA RESURRECCIÓN CORPORAL DE CRISTO

"CRISTO MATÓ A LA MUERTE"

De una fuente no documentada, se dice que en una ocasión un joven expresó su propósito ante algunas personas, acerca de iniciar una nueva religión que fuera tan sencilla como la tabla de multiplicar del 2, y tan clara que no tuviera nada que ver con lo abstracto o con la fe. Uno de los que le escuchaban, hombre de edad y de experiencia, le contestó: "Es bueno tu deseo pero para lograrlo es necesario que reúnas las siguientes condiciones: tienes que nacer de una mujer virgen, vivir como nadie ha vivido aquí en la tierra, conseguir gente que te siga, hacer una serie de leyes para que tus seguidores las obedezcan, practicar lo que enseñas, dejarte torturar y matar sin tener culpa alguna, morir y luego resucitar y ascender al cielo". El muchacho exclamó: "¡Pero eso es imposible!". -¡Exacto!, porque sólo ha existido un hombre que sí lo logró y se llama Cristo, y ha convertido al cristianismo en la única creencia mayormente aceptada a lo largo de la historia humana-, declaró el hombre.

La Resurrección de Cristo es el pilar principal del cristianismo; si quitamos la Resurrección éste cae irremisiblemente. Su Resurrección fue la prueba de que su sacrificio fue aceptado por el Padre. Es también la prueba de la potencia de la vida con que nos provee de la salvación eterna (Ro. 5:10-11).

La muerte de Cristo fue real, y sucedió en forma física y literal, no aconteció en forma espiritual, o figurada, como algunos pretenden enseñarlo. El hecho es que él en realidad murió, pero al tercer día estaba vivo otra vez. En el presente estudio estaremos considerando algunas evidencias de este glorioso suceso del cristianismo. Hagamos un repaso de algunas de ellas.

I.   SU CADÁVER DESAPARECIÓ

A. La teoría ateísta del robo o escape y su refutación

Algunos han supuesto que su cuerpo fue robado:

1.   Por las autoridades judías o romanas.

Creen que debido a eso, el cuerpo de Cristo no estaba ya en la tumba y que en ello se basaron los creyentes judíos para asegurar que Jesús resucitó. Este pensamiento es ilógico y muy poco aceptable, ya que, si esto hubiera ocurrido, las autoridades, después de varios días de muerto, lo hubieran mostrado públicamente a fin de aplastar la fe del Cristianismo.

2.   Por algunos ladrones.

Otros piensan que hubo ladrones que hurtaron el cuerpo de Cristo y que luego sus discípulos proclamaron que había resucitado. ¡Esto es imposible! cuando menos por dos razones:

a.   Por la protección de la guardia de los soldados Romanos.

Al respecto Josh McDowell comenta:

Una guardia por lo general consistía en cuatro hombres, cada uno de los cuales hacía su turno de vigilancia, mientras que los otros reposaban a su lado, de modo de poder ser despertados a la menor alarma; pero en este caso, (tal vez) los guardias pudieron haber sido más numerosos. De modo que se hizo todo cuanto recomendaron el ingenio y la prudencia humana, con el fin de evitar una Resurrección[120].

La guardia romana contaba con una disciplina militar muy especial, y eran constantemente vigilados por un oficial del ejército para constatar si estaban cumpliendo con sus deberes, de manera que se descarta toda posibilidad de que ladrones cometieran tal robo.

    b.   Por la astucia común de los ladrones.

¿Qué interés podían tener estos ladrones en un cadáver?; no lo podían vender o comerciar con él. En todo caso a ellos les pudiera haber interesado los lienzos y especies aromáticas que sí tenían valor y no un cadáver que no poseía ningún beneficio material.

    3.   Por los discípulos de Jesús.

Otros dicen que los mismos discípulos se lo llevaron de la tumba. ¡Eso fue imposible también! El mismo Mateo narra que: *"los discípulos se fueron cada cual por su camino"* (26:56). Ellos estaban tristes, llorando, atemorizados, escondidos por el temor de ser crucificados al igual que su Maestro (Jn. 20:19).

Cristo le apareció a María Magdalena y ella fue y se lo hizo saber a los discípulos, quienes estaban: *"tristes y llorando"*. Ellos cuando oyeron que vivía y que había sido visto por ella, no lo creyeron. (Mr. 16:9-11; Lc. 24.11). En estas condiciones los apóstoles no podían tener el valor de atreverse a robar el cuerpo de Cristo.

    4.   Él se escapó sólo de la tumba.

Algunos ateos suponen que Cristo al recibir el aire frío de la tumba volvió en sí, se quitó sus lienzos y el sudario, quitó la piedra y se fue. Al pensar esto hay que considerar que eran 22 kgs. (50 libras aproximadamente) de mirra y áloes, todo esto envuelto por lienzos en todo el cuerpo, menos en la cabeza, que estaba envuelta separada en un sudario. Esto, humanamente, le

---

[120] Josh McDowell. *Evidencia que exige un veredicto*, pp. 215, 217.

imposibilitaba para moverse, después de haberse deshidratado, desangrado y muerto con el corazón hecho pedazos.

Después de la Resurrección Pedro y Juan vieron los lienzos tendidos (enrollados), en el mismo sitio donde estaba el cuerpo y el sudario de la cabeza en su respectivo lugar. Jesús había salido de la envoltura sin deshacerla, allí quedó todo, pero sin el cuerpo adentro.

B. La verdadera causa de la Resurrección

Su cadáver desapareció no porque las autoridades judías o Romanas se lo llevaron, ni porque ladrones o los discípulos se lo robaron; tampoco porque Cristo se haya escapado ya que esto insinuaría que él realmente nunca estuvo muerto. Cristo resucitó por el poder de Dios; el Padre lo levantó de entre los muertos triunfante (Ef. 1:19, 20). Dios confirmó, ratificó, selló y aprobó el sacrificio de Cristo levantándolo de la misma tumba.

II.   JESUS APARECIÓ

Aquí se trata no de un cadáver sino de un Cristo vivo.

A. La teoría ateísta de la alucinación y su refutación

Algunos piensan que los discípulos eran gente sincera, que dijeron la verdad y aún podían dar su vida por Cristo, pero tal vez:

1.   Se equivocaron, se lo imaginaron.

La teoría supone la idea de que ellos pensaron que lo vieron, pero que si vieron algo sería un espíritu, no un cuerpo vivo.

Esto es claramente refutado por las mismas palabras de Jesús cuando dijo a los apóstoles: *"Mirad mis manos y mis pies, que yo mismo soy, palpad y ved. Porque un espíritu no tiene carne ni huesos como veis que yo tengo. Y diciendo esto les mostró las manos y los pies"*(Lc. 24:39,40). No era un espíritu, era Cristo mismo mostrándose a los suyos físicamente.

2. Tuvieron una alucinación.

Una alucinación se describe como algo que una persona cree sinceramente que ve, pero que no tiene existencia real fuera de su mente; se trata de una fantasía.

En la primera aparición de Cristo a sus discípulos se narra que *"se regocijaron viendo al Señor"* (Jn. 20:20), es decir, lo reconocieron; más tarde, cuando se les volvió a aparecer estando Tomás con ellos, desafió a éste a causa de su incredulidad diciéndole: *"Pon tu dedo aquí, y mira mis manos, y acerca tu mano, y métela en mi costado y no seas incrédulo sino creyente"* (Jn. 20:27,28). Esto no se trataba de una alucinación sino del Cristo vivo resucitado que en presencia corporal infundía convicción profunda a sus seguidores, de manera que más tarde ellos declararon: *"No podemos dejar de decir lo que hemos visto, oído y palpado"* (Hch. 4:20; 1 Jn. 1:1).

B. Sus múltiples apariciones

Dios no deseaba que quedara encubierto o velado un hecho grandioso como éste; él lo confirmó de varias formas; una de ellas fue las múltiples apariciones de Cristo:

1. A **María Magdalena**, quien confundió a Cristo con el jardinero, (Mr. 16:9; Jn. 20:15).
2. A **las mujeres** [que al tercer día fueron a la tumba]muy de mañana (Mt. 28:8-10).
3. A **Pedro y a Juan** (Lc. 24:34).
4. A **los apóstoles sin Tomás** (Lc. 24:36).
5. A **los apóstoles con Tomás** (Jn. 20:26).
6. A **los siete apóstoles pescando**, en el mar de Galilea (Jn. 21:2).
7. A **más de 500** sobre el Monte de Galilea (1 Co. 15:6).
8. A **Jacobo** en un lugar desconocido (1 Co. 15:7).
9. Por última vez ante **sus discípulos para despedirse** en la ascensión (Hch. 1:9).
10. Luego le apareció a **Pablo** (1 Co. 15:8).

C. Una evidencia lógica

✓ *Es posible* que una persona se equivoque si dice que vio a Jesús.

✓ *Es menos posible* que dos personas juntas se equivoquen al decir que vieron a Jesús.

✓ *Es menos posible aún* que tres personas juntas se equivoquen.

✓ *Es imposible* que 500 personas juntas se equivoquen si dicen que vieron a Jesús [121].

D. Efectos que demandan una causa (la Resurrección)

Algunos hechos asombrosos tienen que ser explicados. Es inconcebible que pudieran tener una explicación satisfactoria aparte de ser causados por la Resurrección de Cristo. ¿Qué causó que la tumba estuviera vacía?; los discípulos vieron que [sí] estaba vacía. La tumba estaba vacía (el efecto), porque Cristo había resucitado (la causa).

1. El cumplimiento de *"la promesa del Padre"*, el descenso del Espíritu Santo (Hch. 1:4,5).

¿Qué originó los eventos del día del Pentecostés? El Pentecostés era una fiesta anual, pero el año en que resucitó Cristo vio el descenso del Espíritu Santo como él lo había prometido. En su sermón [esa mañana], Pedro atribuyó la venida del Espíritu Santo al hecho de que el Cristo resucitado lo había enviado (2:33). La venida del Espíritu Santo (el efecto), necesitaba una causa suficiente (el Cristo resucitado).

2. El cambio del día de adoración del sábado al domingo.

¿Qué causó que cambiara el día de adoración? Todos los primeros cristianos eran judíos, acostumbrados a adorar en sábado. Pero repentina y uniformemente comenzaron a adorar en Domingo, aunque era un día normal de trabajo (Hch. 20:7). ¿Por qué?, porque querían conmemorar la Resurrección de su Señor, la cual ocurrió en domingo; los primeros cristianos cambiaron entonces el día de adoración (y no el calendario

---

[121] Charles C. Ryrie. *Teología Básica*, pp. 305, 306.

gregoriano como dicen algunos hoy). La adoración en domingo, el efecto; la Resurrección de Cristo, la causa. Y esto es algo para considerar con detención, por aquellos que se identifican con el empeño de guardar el sábado como el día de adoración para el Señor.

III. MUCHOS FUERON TRANSFORMADOS

Dos grupos fueron transformados cuando supieron de la Resurrección:

A. Los discípulos

1. Antes de la Resurrección.

Al ser arrestado Cristo, ellos *"dejándole, huyeron"* (Mt. 26:56); la actitud que tenían era de inseguridad y temor; eran pusilánimes (miedosos) e inestables. Pedro lo negó diciendo: *"no conozco a ese hombre... maldijo"* (Mt. 26:74).

2. Después de la Resurrección.

Su vida y actitudes se dinamizaron de manera que Pedro y Juan ante el Concilio pudieron declarar: *"Sea notorio a todos vosotros, y a todo el pueblo de Israel, que en el nombre de Jesucristo de Nazaret, a quien vosotros crucificasteis y a quien Dios resucitó de los muertos, por él este hombre está en vuestra presencia sano"* (Hch. 4:10). No cabe duda que los discípulos cobraron nuevo valor y su fe fue revolucionada; muestra de ello fue la declaración que hicieron luego: *"Porque no podemos dejar de decir lo que hemos visto y oído"* (Hch. 4:20).

B. Las multitudes que creyeron en Cristo

1. Primero fueron tres mil por la predicación de Pedro (Hch. 2:41).
2. Luego fueron cinco mil los que creyeron a la Palabra (Hch. 4:4).
3. Miles se siguen convirtiendo y son transformados cada día[122].

No puede surgir un avivamiento como éste de un muerto. Ese despertamiento, ese quebrantamiento de corazones y voluntades no ha

---

[122] *Ibid*, pp. 307, 308.

sido efectuado por el poder de un Cristo muerto; un dios muerto no puede impartir vida. Cristo declaró enfáticamente brindando a los creyentes una completa seguridad: ***"Y yo les doy vida eterna; y no perecerán jamás"*** (Jn. 10:28).

Todo esto es producto de un Cristo vivo, poderoso, victorioso y resucitado, que en una forma candente ardía en los corazones de los apóstoles y nuevos creyentes. La prueba de que muchos fueron transformados es que este hecho no cesó con el tiempo de los apóstoles; sino que, a través de los siglos, millones han sido transformados, y aún lo están siendo ahora, creyendo en un Cristo que venció la muerte y resucitó con poder y gloria. Además, cabe mencionar que, cada minuto 67 personas se convierten a Cristo a nivel mundial[123] .

APLICACIONES

Cristo es sin igual ya que él es el único líder religioso (si se le puede aplicar el término) que dio su vida por mí y por todos sus seguidores. Y ahora está vivo para mantener una relación espiritual con nosotros.

El significado de la resurrección de Cristo muy bien puede ser triple:

1. Significa que ahora que estoy en una relación con él, puedo entender y experimentar el poder de la resurrección, ya que antes yo estaba ***"muerto en mis delitos y pecados"*** (Ef. 2:5), pero ahora tengo vida gracias a Jesús.

2. Significa que mi cuerpo también será resucitado (si estuviere muerto cuando él regrese) y transformado para poder gozar por toda la eternidad en el cielo con él (Fil. 3:20,21).

3. La resurrección de Cristo también tiene un *valor histórico*, porque él fue el único en la historia que resucitó a diferencia de las religiones, que hasta la actualidad ninguno de sus líderes resucitó y también nadie pudo desconocer su resurrección; y existen suficientes evidencias para probarla. Tiene un *valor apocalíptico*, porque Dios interviene en la

---

[123] Rich Guerra, Superintendente del Distrito del Sur de California de las Asambleas de Dios, conocido como el Socal Network (*The Southern California District Council of the Assemblies of God, Inc,*), dato compatido en su conferencia dada, en la Celebración Hispana de Socal Network, el 25 de enero del 2019, en Fillmore, CA.

historia de crisis del mundo, la resurrección será con un juicio universal contra los poderes del pecado (Is. 24). Posee un *valor escatológico*, porque es la esperanza de la resurrección de todos los muertos salvos, que han muerto bajo el oprobio y la opresión causados por el pecado (Is. 25:7-8). Así mismo tiene un *valor teológico*, Juan une la promesa del Espíritu Santo con la realidad de la resurrección (Jn. 14:25-28), porque la experiencia del Espíritu Santo es el punto central del testimonio de la resurrección (Hch. 2:23,24,29-33). Además, por el mismo Espíritu los creyentes resucitarán según Pablo en 1ª. Corintios 15. Finalmente posee un *valor práctico*, porque no se puede predicar la cruz sin la resurrección, ni la resurrección sin la cruz; ambos hechos confirman la resurrección de Cristo, así como él declaraba el camino de la cruz haciendo mención de la resurrección al tercer día.

4. Es sobresaliente la forma en que Greg Gilbert hace referencia a que, "la resurrección de Cristo es la bisagra sobre la cual gira el cristianismo. Es el fundamento sobre el cual recae todo lo demás, la piedra angular que sostiene todo lo que concierne al cristianismo. Lo que quiere decir -crucialmente-, es que cuando los cristianos aseveran que Jesús se levantó de los muertos, están haciendo una declaración, *histórica* y no una *religiosa*. Sí, por supuesto que hay implicaciones "religiosas" en esa declaración, si así lo quieres llamar, pero ninguna de ellas es valida si Jesús no resucitó de los muertos de forma real, verdadera e histórica"[124].

Después de que Cristo resucitó físicamente. Él ascendió a los cielos tal como lo revela la narración de Hechos 1, luego de haber contestado la pregunta de sus discípulos acerca de que si iba a restaurar el reino a Israel en ese tiempo, Jesús reafirmó la promesa del advenimiento del Espíritu Santo, declarando: *"Pero recibiréis poder, cuando haya venido sobre vosotros el Espíritu Santo, y me seréis testigos en Jerusalén, en toda Judea, en Samaria, y hasta lo último de la tierra"* (Hch. 1:8). Lucas continúa la narración: *"Y habiendo dicho estas cosas, viéndolo ellos, fue alzado, y le recibió una nube que le ocultó de sus ojos"* (v. 9). El apóstol Pablo describe que Cristo después de resucitar corporalmente, se apareció a muchos creyentes, afirma que: *"Se le apareció a más de quinientos hermanos a la vez"* (1 Cor. 15:6). La resurrección de Jesucristo fue real, no

---

[124] Gilbert, *Ibid*, p. 93.

ficticia, él resucitó en cuerpo, alma y espíritu y con esta naturaleza ascendió al cielo, como en el siguiente capítulo lo consideraremos.

CONCLUSIÓN

Siempre habrá quienes digan que Jesús no resucitó; Pablo nos asegura que muchas personas vieron al Señor después de su resurrección; la Biblia la presenta como un hecho histórico y no nos debe causar mayor preocupación lo que opinan los incrédulos que la niegan, antes bien, nos llenamos de esperanza porque un día miraremos y ellos también verán la prueba viviente, cuando el Cristo resucitado vuelva con majestad, gran esplendor, poder y gloria (Ap. 1:7).

CAPÍTULO 11

LA ASCENSIÓN DE CRISTO

"SE FUE Y MUCHOS LO VIERON"

Aunque sólo existen en la Biblia algunos pasajes de la ascensión de Cristo, sin embargo, esta doctrina es considerada como artículo de fe por la Iglesia Cristiana en general, debido a las razones que a continuación serán presentadas:

I. LA NATURALEZA DE LA ASCENCIÓN.

A. El Lugar

Lógicamente este evento se suscitó en algún lugar; las Escrituras, en el Evangelio de Lucas, (24:50) mencionan que Jesús a sus discípulos: "***Los sacó fuera hasta Betania...***", es decir, **_en_** el lado del **_monte de los Olivos_** que mira hacia Betania (Hch. 1:12). El procedimiento fue que: "Cristo viajó hacia arriba sostenido por una nube (Hch. 1:9). La ascensión no fue una desaparición, sino un movimiento gradual, aunque no por un tiempo prolongado, fue hacia arriba"[125].

B. Evento

Louis Berkhof en su libro *Teología Sistemática* describe a la ascensión como "un evento visible, de la tierra al cielo, de la persona del Mediador, según su

---

[125] Charles C. Ryrie. *Teología Básica*, pp. 307, 308.

naturaleza humana. Fue una transición local, un ir de aquí hacia allá"[126]. Por consiguiente, esto implica que el cielo es algo literal como lo es la tierra. Esto es importante creerlo, ya que algunos eruditos "cristianos" en la actualidad, consideran que el cielo es sólo una condición más bien que un lugar, y por lo tanto, no conciben la ascensión unida a la idea de un lugar. Pueden aceptar que hubo un levantamiento momentáneo de Cristo a la vista de los once, y de los otros tantos más, pero consideran que esto es solamente un símbolo del levantamiento de nuestra humanidad al orden espiritual, y que está muy por arriba de nuestra vida presente. Sin embargo, la creencia de que Cristo ascendió al cielo, el cual es un lugar, es favorecida por las siguientes consideraciones:

1. El cielo está representado en la Biblia como el lugar de habitación de seres creados (ángeles, santos, la naturaleza humana de Cristo).
2. El cielo y la tierra en la Escritura repetidas veces se colocan en yuxtaposición. De esto se deduce que, si una parte está en un lugar, la otra debe de estar en la parte opuesta (Sal. 103:11).
3. La Biblia nos enseña a pensar en el cielo como un lugar. Varios pasajes dirigen nuestro pensamiento hacia arriba, al cielo, y hacia abajo al infierno (Dt. 30:12; Jos. 2:11, Sal. 139:8 y Ro. 10:6-7). Esto no tendría sentido si los dos estuvieran colocados en el mismo sitio. Además de ser un lugar, la enseñanza bíblica describe al cielo como un lugar en otra dimensión mayor a la nuestra.
4. La entrada del Salvador al cielo se describe como un ascenso. Los discípulos ven al Jesús ascendiendo hasta que una nube lo intercepta escondiéndolo de la mirada de ellos[127].

Ahora bien, antes de la ascensión, Cristo apareció y desapareció, reapareció de nuevo de tiempo en tiempo, a fin de apartar gradualmente a sus discípulos de la dependencia del contacto visible, natural con él, y acostumbrarlos a la comunión invisible, espiritual con él. Y es de esta manera entonces que la ascensión se convierte en la línea divisoria de dos de los períodos de la vida de Cristo: desde el nacimiento hasta la resurrección es el Cristo de la historia humana, el que vivió una vida perfecta bajo

---

[126] Louis Berkof. *Teología Sistemática,* p. 416.
[127] *Ibid,* p. 417.

condiciones terrenas. Después de la ascensión, es el Cristo de la experiencia, experiencia espiritual, que vive en el cielo y toca a los hombres en la tierra por medio del Espíritu Santo[128].

II.   LA IMPORTANCIA DE LA ASCENSIÓN

La Ascensión marcó el fin del período de la humillación de Cristo y su entrada en el estado de exaltación. Sin embargo, se hacen algunas objeciones respecto a su ascensión:

A. Objeciones

1. Que esta se apoya en ideas anticuadas sobre el cielo; que el cielo no es un lugar. Anteriormente se consideraron algunas razones que afirman que sí se trata de un lugar real.
2. Su ascensión fue contraria a las leyes de la naturaleza. Eso no es aceptable, porque el cuerpo resucitado de Cristo no estaba necesariamente sujeto a las leyes de la naturaleza[129].
3. La última objeción es la presentada por el teólogo liberal alemán y crítico, Carlos Barth. El cuestiona el lugar de la importancia que ocupa la ascensión entre los artículos de la fe cristiana, basándose en el hecho de que se menciona con menor frecuencia y con menor énfasis que la resurrección, y que cuando se menciona se descubre una transición natural de la resurrección hacia el asiento de Dios[130].

Refutación: La ascensión de Jesucristo no la podemos considerar como una simple transición natural, ya que ésta fue gradual a la vista de varios cientos de espectadores y asistida por seres angelicales (Hch. 1:10) "***Dos varones vestidos de blanco***". Mathew Henry dice que: "Eran dos ángeles... y que eran una muestra del aprecio que Cristo sentía por su Iglesia a la cual dejaba en este mundo"[131].

---

[128] Myer Pearlman. *Teología Bíblica y Sistemática*, p. 190.
[129] Ryrie, *Loc. Cit.* p. 308.
[130] Berkof, *Op. Cit.,* p. 417.
[131] Mathew Henry. *Comentario Exegético - Devocional de Toda la Biblia*, (Hch. - 1a Cor.), p. 15.

Ralph Earl en el comentario Beacon escribe: "Dos varones aparecieron, que eran ángeles con vestidura blanca (compare Mt. 28:3 y Jn. 20:12). Estos visitantes angélicos anunciaron la segunda venida de Cristo (v. 11) tal como lo habían anunciado antes de su nacimiento (Mt. 1:20 y Lc. 1:26-35), y su resurrección (Mt. 28:57; Mr. 16:5,7)"[132]. Finalmente, el hecho de que la ascensión se mencione poco, no quiere decir que no sea importante o útil como artículo de fe; además, hermenéuticamente este suceso tiene suficiente peso doctrinal, ya que tiene más de una triple referencia (Hch. 1:4-11; Lc. 24:50-53; Mr. 16:19-20; 1 Co. 15:3-6).

B. La triple importancia de la ascensión

La ascensión de Cristo no fue en vano, tiene un gran valor y utilidad para el pueblo de Dios.

1. El Cristo ascendido fue a presentar a su Padre el sacrificio, el cuál fue aceptado por Dios como suficiente. Esto incorpora la declaración de que el sacrificio de Cristo fue hecho a Dios y que, como tal, tenía que ser presentado a él, en el santuario más íntimo ya que el Padre consideró la obra mediadora de Cristo como toda suficiente (Heb. 5:5-10), por lo tanto, lo admitió en la gloria celestial.

2. Fue también modelo en cuanto al aspecto profético de la ascensión de todos los creyentes que ya están sentados con Cristo en los lugares celestiales (Ef. 2:6), y un día cercano nosotros también ascenderemos para estar siempre junto con él (1 Ts. 4:17,18).

3. Por último, la ascensión fue también necesaria para preparar un lugar para aquellos que están en Cristo. El Señor mismo señala la necesidad de ir al Padre, con el fin de preparar un lugar para los discípulos y todos los que luego creyéramos en él (Jn. 14:1-3)[133].

---

[132] Ralph Earle, *Et. Al. Comentario Bíblico BEACON,* p. 271.
[133] Berkof, *Op. Cit.,* p. 418.

III.   EL SIGNIFICADO DE LA ASCENSIÓN

A. Significa que Jesús trabaja en los cielos también

Es interesante notar la descripción que Cristo hace del cielo, cuando expresa que él, actualmente, le está preparando a su pueblo *"moradas"* y *"en la casa del Padre"*, (Jn. 14:3). La palabra *"moradas"* o mansiones proviene de la versión Vulgata. Estas fueron lugares de descanso y refrigerio de hospedaje en caminos largos. El significado exacto de esta palabra es que combina la idea de descanso y progreso en una visión del futuro"[134]. La palabra *"moradas"* también tiene una connotación de residencias permanentes. En esas residencias eternas no habrá necesidad de tener pólizas de seguros a fin de protegerlas, ni alarmas, ni sistemas de seguridad ni aún el departamento de policía será necesario; porque todo será hermoso y seguro en ese nuestro bello y eterno hogar.

B. Revela su exaltación

"Se sentó a la diestra de la majestad en las alturas" (Heb. 1:3), es decir, ocupó la posición de supremo poder y autoridad. J. P. Douglas dice: "Jesucristo está sentado, señal de que su obra de expiación está completa y es definitiva"[135]. Mientras que la resurrección comenzó el proceso de exaltación, la ascensión fue el clímax. Por su humillación y obediencia hasta la muerte de cruz, *"Cristo fue exaltado hasta lo sumo y le fue dado un nombre que es sobre todo nombre, para que en el Nombre de Jesús se doble toda rodilla, de los que están en los cielos, y en la tierra, y debajo de la tierra; y toda lengua confiese que Jesucristo es el Señor"* (Fil. 2:8-11).

C. Revela su ministerio sacerdotal

Su ascensión nos enseña que el Cristo glorificado ejerce un ministerio sacerdotal en el cielo, *"Viviendo siempre para interceder"* por el pueblo de Dios (Heb. 7:25, véase Ro. 8:34 y 1 Jn. 2:1).

---

[134] Westcott, B.F. *El Evangelio Según San Juan*. El texto griego con introducción y notas. Tomo I, p. 479.
[135] J.D. Douglas. *Nuevo Diccionario Bíblico*, p. 135.

Él es el perfecto mediador entre Dios y los hombres, puesto que es Dios y hombre a la vez. La persona de Jesucristo es la sola fusión perfecta y única en la historia del Dios hecho hombre. Por medio de él tenemos acceso directo al trono de la gracia (Heb. 4:15-16).

D. Su ascensión hizo posible la bendición del día de Pentecostés

Él declaró enfáticamente: *"Os conviene que yo me vaya; porque si no me fuere, el Consolador no vendría a vosotros; más si me fuere, os lo enviaré"* (Jn. 16:7). Algunos días después Pedro les predicó a toda la multitud reunida en el día de Pentecostés, acerca de la ascensión de Cristo cuando dijo: *"Así que, exaltado por la diestra de Dios, y habiendo recibido del Padre la promesa del Espíritu Santo, ha derramado esto que vosotros veis y oís"*(Hch. 2:33). Además, Jesús también declaró que: *"El que en mí cree, las obras que yo hago, él las hará también, y aún mayores* (del gr. mega) *porque yo voy al Padre"* (Jn. 14:12).

Antes de la ascensión, la presencia de Jesucristo estaba limitada al lugar donde él se hallaba; ahora está en todas partes (recobrando [activando] su anterior atributo de Omnipresencia)[136]; de esa forma nos convino que él se fuera, porque ahora él está con nosotros en todas partes y el poder del Espíritu Santo nos respalda en todo lugar, al mismo tiempo y sin problema, a fin de llevar a cabo la Gran Comisión.

Los apóstoles volvieron a Jerusalén maravillados ante el glorioso acontecimiento que habían presenciado (la ascensión). Ya no tenían miedo de los líderes judíos, ni de la persecución romana, sino que estaban continuamente en el templo bendiciendo y sirviendo a Dios. Marcos expresa: *"Ellos salieron a predicar por todas partes, colaborando el Señor con ellos. Y confirmando la Palabra con las señales que la acompañaban"* (Mr. 16:20, *Biblia de Jerusalén*).

---

[136] Pablo Hoff. *Se hizo hombre*, p. 282.

APLICACIONES

- Soy bienaventurado al creer en Jesús sin verle (Jn. 20:29). El Cristo ascendido se ha convertido en el Cristo de mi fe y de mi experiencia espiritual, las cuales me animan a conocerle y amarle cada día más.
- Mi Cristo ascendido es un modelo profético, para los que ya han muerto sirviéndole a él; y para los que seamos fieles hasta el final. Si estamos con vida hasta su venida, por su gran poder, también ascenderemos para estar con él por la eternidad.
- Me motiva mucho el hecho de que él me haya ido a preparar residencias permanentes en el cielo (Jn. 14:1-6). A la vez puedo valorar y disfrutar aquí, la primicia o anticipo, que me dio con el Espíritu Santo, quien me ayuda, usa mi vida, y me dirige en mi jornada hasta llegar a mi eterno hogar.
- Como resultado de la ascensión de Cristo es que hoy tenemos la bendición pentecostal (Jn. 16:7-13). Tenemos el privilegio de conocer el poder, la persona y la presencia del Espíritu Santo, que hoy está disponible para todos los creyentes a fin de que cumplir a cabalidad, la Gran Comisión de Mateo 28:18-20.
- La ascensión de Cristo es la promesa para los que creen, en su poder, para llevar a cabo mayores obras en su servicio por medio del poder del Espíritu Santo (Jn. 14:12).

CONCLUSIÓN

La ascensión de Jesucristo fue un movimiento gradual de él hacia el cielo, de modo que el Cristo ascendido se ha convertido en Cristo de la experiencia espiritual y ya no el Cristo histórico.

Él fue quien nos prometió no dejarnos huérfanos (Jn. 14:18) sino que, a través del bautismo en el Espíritu Santo, nos ha dado el poder para testificar y vivir una vida anhelante de servir a él y a los demás (Hch. 1:8). La obra de su Espíritu, aunado con la verdad de la ascensión sigue siendo sumamente importante para nuestro cuerpo de doctrina. Tiene un enorme peso doctrinal para nuestra fe y esperanza de que un día nosotros vamos a ascender para estar con él por toda la eternidad.

CAPÍTULO 12

EL TRIPLE OFICIO
DE CRISTO

"EL HOMBRE CON EL OFICIO MÁS COMPLETO"

En los tiempos veterotestamentarios, había tres clases de mediadores entre Dios y el pueblo: el sacerdote, el profeta y el rey. Nuestro Señor Jesucristo, cumplió con los tres oficios. Él es el Cristo-Sacerdote, quien es mediador de un nuevo pacto (Heb. 8:6) y superior al que Dios hizo por medio de Moisés en el Sinaí (Éx. 24:7,8). Él es el Cristo-Profeta quien ha predicho el futuro de la humanidad, y él es el Cristo-Rey que pronto reinará sobre todas las naciones.

I. CRISTO COMO SACERDOTE

A. En lo que consistía ser un sacerdote

Un sacerdote en el sentido bíblico del vocablo es una persona divinamente consagrada para representar al hombre ante Dios y ofrecer sacrificios que le aseguraran el favor divino. *"Porque todo pontífice es puesto para ofrecer presentes y sacrificios; por lo cual es necesario que también éste tuviese algo que ofrecer"* (Heb. 8:3)[137].

El profeta hablaba de Dios a los hombres. El sacerdote habla a Dios de los hombres. El hecho de pertenecer a la tribu de Judá descalificaba a Cristo

---

[137] Pearlman, *Teología Bíblica y Sistemática*, p. 178.

para ser sacerdote Aarónico; pero, Dios ya tenía establecido otro orden de sacerdotes antes de su venida: el orden de Melquisedec; y Cristo es un sacerdote de ese orden con respecto a su persona y su obra. Sin embargo, hay similitudes entre los sacerdotes Aarónicos y Cristo como Sacerdote tanto en su persona como en su obra; por consiguiente, Cristo puede ser considerado en este orden también.

B. Como sacerdote Aarónico

Un sacerdote Aarónico tenía que ser un hombre escogido por Dios y calificado para su obra (Lev. 21; Heb. 5:1-7). Nuestro Señor, escogido, encarnado y aprobado, llenaba los requisitos en su persona para ser un sacerdote ministrador.

Los sacerdotes Aarónicos servían representando al pueblo ante Dios y especialmente en ofrecer sacrificios. Sus sacrificios eran muchos, repetidos, no eran eternamente eficaces en sí mismos. Sí hacían expiación por el pecado en el contexto de la teocracia, pero el escritor a los Hebreos clarifica que si éstos pudieran haber efectuado la satisfacción eterna por el pecado, no habría sido necesario repetirlos año tras año (Heb.10:2,3). Por el contrario, el sacrificio de sí mismo de nuestro Señor por nuestros pecados fue un solo sacrificio, una vez y para siempre y por toda la humanidad. En ésta, su gran obra de redención, realizó un acto que fue prefigurado por la labor de los sacerdotes aarónicos.

C. Como Sacerdote del orden de Melquisedec

La descripción de Melquisedec en Génesis 14:18-20 y Hebreos 7:1-3 parece deliberadamente muy limitada a esas características que lo hacen semejante a Cristo. La frase *"hecho semejante"* en Hebreos 7:3 no es un adjetivo que pudiera indicar que Melquisedec era como Cristo en su ser (lo que prestaría evidencia a la interpretación de que él era una teofanía), sino un participio, que indica que la semejanza se está estableciendo por la declaración del autor bíblico. Las características de la descripción se limitan para que la semejanza pueda ser más extensiva. Antes de hacer mención de los rasgos de Melquisedec como sacerdote, es necesario afirmar que él fue un personaje histórico, que ministró en un área geográfica determinada;

Salem. Él tuvo existencia real, y su sacerdocio es de un alto nivel que es útil como una tipología adecuada al Sacerdocio de Cristo.

Los rasgos del sacerdocio de Melquisedec como un tipo del sacerdocio de Cristo incluyen:

1. Era un sacerdocio real.

Melquisedec era un rey e igualmente un sacerdote. La unión de estas dos funciones no se conocía entre los sacerdotes Aarónicos, aunque fue profetizada sobre Cristo en Zacarías 6:13.

2. No se relacionaba con la ascendencia.

"Sin padre, sin madre" (Heb. 7:3) no significaba que Melquisedec no tenía padres, ni que él nunca nació, ni murió, sino solamente que las Escrituras no contienen el archivo de estos eventos, a fin de que él pudiera ser hecho semejante a Cristo en forma más perfecta. Los sacerdotes aarónicos dependían de su ascendencia para poder ejercer.

3. No se especificaba Su tiempo.

Sin constancia de su principio o de su fin para que Melquisedec pudiera ser más semejante al Señor, quien es sacerdote para siempre según el orden de Melquisedec.

4. Era superior al orden Aarónico (Heb. 5:1-7).

Abraham, del cual vino el orden Aarónico, reconoció la superioridad de Melquisedec cuando le dio diezmos de lo que habían ganado en la guerra (Gn. 14:20). Leví, aunque no había nacido para entonces, y todos los sacerdotes que descendieron de él, estuvieron implicados en este acto que demostró la superioridad de Melquisedec.

¿De qué manera funciona Cristo como un sacerdote del orden de Melquisedec? Como Melquisedec, él es un gobernante. Recibe nuestra reverencia. Nos bendice. Y como Melquisedec le ofreció pan y vino a Abraham para confortarlo y sostenerlo después de la batalla, así nuestro Señor como Sacerdote refresca y sostiene a su pueblo. Él hizo esto, por ejemplo, con Esteban a la hora de su martirio. Nuestro Señor se manifestó a Esteban para sostenerlo (Hch. 7:55). Él hace lo mismo hoy en día con respecto a las iglesias locales, mientras se pasea entre los candeleros de oro (Ap. 2:1). Su ministerio de ayudar y sostener continúa; por eso él se describe preparado para actuar a favor de sus hijos. Tenemos un gran Sumo Sacerdote dispuesto a venir y prestar ayuda a los que están siendo probados (Heb. 2:18) y deseoso de darles gracia y ayuda en el tiempo de necesidad (Heb. 4:16) [138].

II. CRISTO COMO PROFETA

A. Lo que era un profeta

El profeta del AT era el representante o agente terrenal de Dios, que revelaba su voluntad en relación con el presente y el futuro. El hecho de que el Mesías fuera profeta para iluminar a Israel y las naciones constituye un testimonio de los profetas (Is. 42:1 compárese Ro. 15:8), y que Jesús era considerado así es el testimonio de los evangelios (Mr. 6:15; Jn. 4:19; 6:14; 9:17; Mr. 6:4; 1:27) [139].

B. Su designación como Profeta

Moisés predijo que un profeta como él mismo sería levantado por Dios (Dt. 18:15). Aparte de los otros cumplimientos que esto pudiera haber tenido en la sucesión de los profetas del AT, su cumplimiento final fue en Jesucristo, a quien se le identifica como ese profeta (Hch. 3:22-24). Las personas comunes en los días de Cristo lo reconocieron a él como un profeta, con tanto entusiasmo que los principales sacerdotes y los fariseos temían represalias si tomaban acción contra el Señor (Mt. 21:11,46; Jn. 7:40-53). Además, le llamaban Rabí (Jn. 1:38; 3:2), no porque había sido entrenado formalmente en las escuelas rabínicas, sino porque reconocían la calidad de su enseñanza.

Nuestro Señor declaró también ser un Profeta (Mt. 13:57; Mr. 6:4; Lc. 4:24; 13:33: Jn. 4:44) que vino a hacer lo que hicieron los profetas;

---

[138] Charles C. Ryrie. *Teología Básica,* pp. 292, 293.
[139] Pearlman, *Op. Cit.,* pp. 176.

por ejemplo, comunicar el mensaje de Dios al hombre (Jn. 8:26; 12:49,50; 15:15; 17:8)[140].

C. Sus obras

1. Jesús predicó la salvación.

Los profetas de Israel ejercieron el ministerio más importante en épocas de crisis, cuando los gobernantes, los estadistas y los sacerdotes estaban confusos en cuanto al futuro, y estaban impotentes para decidir. Era entonces cuando surgía el profeta con autoridad divina, y les proporcionaba la solución a sus dificultades, exclamando: *"Este es el camino, andad por él"* (Is. 30:21).

El Señor Jesucristo apareció en una época cuando la nación judía se encontraba en un estado de intranquilidad causado por su anhelo de liberación nacional. Por medio de la predicación de Cristo, la nación se vio confrontada con una elección en lo que respecta a la forma de liberación: guerra con Roma o paz con Dios. Escogieron incorrectamente y sufrieron las desastrosas consecuencias de la destrucción nacional, (Lc. 19:41-44 compárese Mt. 26:52). De la misma manera que sus antepasados desobedientes y rebeldes habían tratado de forzar su camino a Canaán, (Nm. 14:40-45) así también los judíos, en el año 68 d. C., trataron de liberarse de Roma por la fuerza. Su rebelión fue ahogada en sangre, Jerusalén y el templo fueron destruidos, y el judío errante comenzó su doloroso peregrinaje a través de los siglos.

El Señor Jesucristo señaló la senda de escape del poder y culpabilidad del pecado, no solamente para la nación, sino también para el individuo. Aquellos que llegaron con la pregunta de: *"¿qué haremos para ser salvos?"* (Hch. 16:30), recibieron instrucciones precisas, y en ellas siempre figuraba el mandato de seguirle. No solamente señaló, sino que abrió la senda de la salvación por su muerte en la cruz. Se presentó como la solución eterna y el único camino al Padre (Jn. 14:6).

2. Jesús predijo el futuro.

La profecía se basa en el principio de que la historia no marcha con pasos inciertos, sino que está bajo el dominio de Dios, quien conoce desde

---

[140] Ryrie, *Op. Cit.,* p. 288.

el comienzo cuál será el fin. Les revela a sus profetas el curso de la historia, capacitándolos así para predecir el futuro. En calidad de Profeta, Cristo previó el triunfo de su causa y de su reino en medio de los cambios efímeros de la historia humana (Mt. 24 y 25).

El Cristo ascendido continúa su ministerio profético por medio de su cuerpo, la Iglesia, a la cual le ha prometido inspiración (Jn. 14:26; 16:13), e impartido el don de profecía (1 Co. 12:10). Esto significa, no que los creyentes deben añadir a las Sagradas Escrituras, que son la revelación *"de una vez para siempre"* (Jud. 3); sino que por inspiración del Espíritu Santo cuando se hagan algunas declaraciones proféticas que sean para edificación, exhortación y consuelo de la iglesia (1 Co. 14:3) basados en la Palabra [141].

D. La autenticación de Cristo como profeta

La ley judaica, en los tiempos de Cristo, ordenaba que los falsos profetas fuesen apedreados (Dt. 13:5, 10). Por supuesto, si un profeta vivía hasta el tiempo en que se comprobaba que su profecía se cumplía o no, entonces se podía reconocer fácilmente si era un profeta genuino. Si no vivía hasta ese tiempo, entonces era más difícil. El ministerio profético de nuestro Señor fue autenticado de dos maneras: por poderse ver el cumplimiento de algunas de sus profecías, y por los milagros que le verificaron a las personas en su tiempo que él era un profeta.

La prueba conclusiva es su detallada predicción de su muerte. Él profetizó que alguien cercano a él lo traicionaría (Mt. 26:21), que su muerte sería instigada por los líderes judíos (Mt. 16:21), que moriría por crucifixión, y que tres días después resucitaría (Mt. 20:19). El que pudiera dar estos detalles acerca de su muerte y que estos detalles se cumplieran lo respaldan como un profeta verdadero. Además, algunos de los milagros de Cristo estaban directamente vinculados al testimonio de que él era un profeta genuino (Lc. 7:16; Jn. 4:19; 9:17) [142].

---

[141] Pearlman, *Op. Cit.,* pp. 176-178.
[142] Ryrie, *Op. Cit.,* p. 291.

III. CRISTO COMO REY

A. El concepto de rey

El concepto de rey incluye una amplia esfera de prerrogativas. Un rey en Israel tenía poderes legislativos, ejecutivos, judiciales, económicos y militares. El concepto de Cristo como Rey puede contemplarse alrededor de cinco palabras: prometido, predicho, propuesto, rechazado y realizado. El pacto misericordioso de Dios con David prometía que el derecho de reinar siempre permanecería en la dinastía de David. Isaías profetizó que un niño que iba a nacer establecería y reinaría sobre el trono de David (Is. 9:7).

Gabriel anunció a María que su bebé iba a tener el trono de David y reinaría sobre la casa de Jacob y que su reino no tendría fin (Lc. 1:32,33). A través de su ministerio terrenal el reinado davídico de Jesús fue propuesto a Israel (Mt. 2:22; Jn. 12:13), pero él fue rechazado [143].

B. Jesús afirma ser Rey

En la presencia de Pilato, testificó que había nacido para ser Rey, aunque explicó que su reino no era de este mundo, es decir, no era un reino fundado por la fuerza humana, ni estaba gobernado por un sistema humano (Jn. 18:36). Un poco de tiempo antes de su muerte, Jesús predijo su retorno con poder y majestad, a fin de juzgar a las naciones (Mt. 25:31). Aún sobre la cruz se comportó como Rey y habló como tal, de manera que el ladrón agonizante captó la visión y exclamó: *"Acuérdate de mí cuando vengas en tu reino"* (Lc. 23:42). Percibió en la densa bruma que la muerte llevaría a Jesús al reino celestial.

Después de su resurrección, el Señor Jesús declaró lo siguiente: *"Toda potestad me es dada en el cielo y en la tierra"* (Mt. 28:18). Después de su ascensión, fue coronado y elevado al trono con el Padre (Ap. 3:21 compárese con Ef. 1:20-22). Esto significa que, a la vista de Dios, el Señor Jesucristo es Rey; no es solamente Jefe de la Iglesia sino también Señor de todo el mundo y de todos los hombres (Col. 1:20). La tierra es suya y suyo todo lo que en ella hay. Suyos, y solamente suyos son los poderes y la gloria

---

[143] Ryrie, *Op. Cit.,* p. 293.

de todos los reinos brillantes que Satanás el tentador señaló desde la cumbre de la montaña (Mt. 4:8-10). Es Cristo el Rey, Señor del mundo, dueño de todas las riquezas, y Señor del hombre.

Todo esto es ahora una realidad desde el punto de vista de Dios; mas todos los hombres no han reconocido el gobierno de Cristo. Aunque Cristo ha sido ungido Rey de Israel, (Hch. 2:30), *"los suyos"* (Jn. 1:11) han rechazado su soberanía (Jn. 19:15), y las naciones siguen su propio camino sin conocer su autoridad. Rom.1:4 afirma que Jesús *"Fue declarado Hijo de Dios con poder, según el Espíritu de santidad, por la resurrección de entre los muertos"*.

C. La forma en que se implementará su reinado

Esta situación fue prevista y predicha por Cristo en la parábola de las minas (Lc. 19:12-15). En aquellos días, cuando un dirigente nacional heredaba un reino, primero debía ir a Roma y recibirlo del emperador, después de lo cual quedaba libre para retornar y gobernar. De la misma manera Cristo se compara a sí mismo con cierto noble que se trasladó a cierto país lejano para recibir para sí el reino y retornar. Vino del cielo a la tierra, cumplió con su misión, con su muerte expiatoria por los hombres, y luego ascendió al trono de su Padre para recibir la corona y el gobierno. *"Pero sus conciudadanos le aborrecían, y enviaron tras él una embajada, diciendo: no queremos que éste reine sobre nosotros"* (v. 14). Israel, de igual manera, rechazó a su Rey. Al saber que estaría ausente por algún tiempo, el noble les confió a sus siervos ciertas tareas; de igual manera Cristo, previendo que transcurriría cierto tiempo entre su primera y segunda venida, asignó a sus siervos la tarea de proclamar su reino y reclutar súbditos, bautizándoles en el Nombre del Padre, del Hijo, y del Espíritu Santo. Finalmente el noble, después de haber recibido su reino, retornó para recompensar a sus siervos, afirmando su soberanía, y castigando a sus enemigos. De igual manera Cristo regresará para recompensar a sus siervos, afirmar su soberanía sobre el mundo y castigar a los malvados. Este es el tema central del libro de Apocalipsis (11:15; 12:10; 19:16) [144].

Los gadarenos desecharon sus milagros (Mt. 8:34). Los escribas rechazaron su atribución de poder perdonar pecados (Mt. 9:3). Muchas

---

[144] Pearlman, *Op. Cit.*, pp. 181-183.

personas en varias ciudades rechazaron sus credenciales (Mt. 11:20-30; 13:53-58). Los fariseos lo rechazaron por completo (Mt. 12; 15:1-20; 22:15-23). Herodes, Poncio Pilato, gentiles y judíos, todos lo rechazaron decididamente en la crucifixión (Jn. 1:11; Hch. 4:27).

Por haber sido el Rey rechazado, el reino mesiánico, davídico (desde un punto de vista humano) fue aplazado. Aunque él nunca deja de ser Rey y, por supuesto, es Rey hoy y siempre. Cristo nunca se designa como Rey de la Iglesia (Hch. 17:7 y 1 Ti. 1:17) no son excepciones, y en Apocalipsis 15:3, *"Rey de los santos"* en la versión Reina-Valera, es *"Rey de las naciones"* en los textos críticos y de la mayoría. Aunque Cristo es Rey hoy en día, él no gobierna como Rey. Esto espera hasta su segunda venida. Entonces se realizará el reino davídico (Mt. 25:31; Ap. 19:15; 20). Y el sacerdote se sentará en su reino, trayendo a esta tierra la tan esperada Edad de Oro (Sal. 110) [145].

APLICACIONES:

¡Qué privilegio poder servir a quien tiene el oficio más completo!

✓ Como sacerdote al igual que Melquisedec me alienta y me sustenta a mí y a su Iglesia, y cumple a la perfección su labor de mediador entre el Padre celestial y nosotros.

✓ El ministerio profético de Cristo en la actualidad para la iglesia es anunciar el mismo mensaje completo de la persona y la obra de Cristo. La iglesia es comisionada para comunicar el mensaje del evangelio, un mensaje de poder, el cual consiste en que este debe ser encarnado, vivido y proclamado por nosotros. Es un gran desafío para la iglesia, el cual significa que uno tiene estar dispuesto hasta morir por causa de anunciar este mensaje. En síntesis, el mensaje completo del evangelio continúa siendo efectivo para sanar las heridas de la sociedad que has sido afectada seria y profundamente.

✓ La proclamación actual acerca del oficio de rey de la obra de Jesucristo tiene que ser presentada como con una teología de la cruz y no únicamente como el rey de gloria.

---

[145] Ryrie, *Op. Cit.*, pp. 293, 294.

Porque Aquel que reina es aquel quien primero ha servido, es decir, Jesucristo está a favor nuestro y esa relación no cambia ni cambiará (Heb. 13:8). Cristo es el único rey de poder, de gracia y de gloria. De poder por su naturaleza como creador, sustentador y gobernador del mundo. De gracia por su obra redentora por toda la humanidad. De gloria debido a su revelación final para mostrar su victoria total al final de los tiempos. Estos tres aspectos fortalecen la fe cristiana, que necesitamos en el momento presente, en cada país del mundo, no importa donde vivamos o trabajemos. Él no se hizo rey por autonombramiento, sino que mostró compasión por la humanidad (pasado) en su obra redentora, es decir entiende a la humanidad, por ello es que Cristo es un Rey de gracia. Él mismo en el futuro nos otorgará la victoria final, por ello es necesario poner nuestra esperanza en este rey de gloria (Sal. 24:7-9; Zac. 9:9 y Mt. 21:4,5).

CONCLUSIÓN

En la persona de Jesucristo se reunieron todas las cualidades necesarias para desarrollar un ministerio redentor completo en favor de la humanidad. Él es Nuestro Gran Sumo Sacerdote. Él es el Rey de nuestra vida, y próximamente reinará sobre todas las naciones. Sin embargo, ¿le está permitiendo Ud. que gobierne todas las áreas de su vida? Deje que él gobierne y dirija su diario vivir para que en todo le vaya bien. Indudablemente, él es el Profeta de Dios ya que *"en éstos postreros días Dios nos ha hablado por medio de su Hijo"* (Heb. 1:1,2).

CAPÍTULO 13

EL MINISTERIO PRESENTE DE CRISTO

"EL SEÑOR ABOGADO"

Si Cristo no resucitó, entonces su vida y ministerio terminaron en la cruz; si él resucitó y no ascendió, su ministerio fue sólo terrenal e incompleto y él no puede hacer nada de allí en adelante por sus creyentes. Pero como nuestro bendito Salvador murió, resucitó y ascendió, él ahora desde los cielos desempeña un ministerio eficaz y poderoso en favor de su pueblo. Ahora analizaremos algunos aspectos importantes de su ministerio presente.

I.   COMO ABOGADO

A. Su trabajo

El apóstol Juan en su primera carta escribe (2:1) *"...si alguno hubiere pecado, abogado tenemos para con el Padre, a Jesucristo el justo"* ¿Qué significado tiene la palabra abogado?, ¿Qué trabajo desempeña Cristo como nuestro abogado? y ¿Cómo se relaciona este ministerio con el del Espíritu Santo? La Palabra de Dios, al describir al Espíritu Santo como nuestro abogado, lo define como a uno que fue invitado para que ayude, alguien que aboga la causa de otro y que también le da consejo sabio. Naturalmente, la obra de semejante abogado traerá consuelo y por lo tanto, también puede en sentido secundario, llamarse consolador. Cristo explícitamente se llama nuestro abogado, no únicamente en 1a. de Juan 2:1, sino también en Juan 14:16 es mencionado como tal, al dar a conocer la promesa: *"y yo rogaré al Padre y él os dará otro consolador, para que esté con vosotros para siempre"*, esta es una clara indicación de que Cristo también fue un *parakleto*.

B. Su trabajo y el del Espíritu Santo

El trabajo de Cristo y el del Espíritu Santo son en parte idénticos, pero en parte también son diferentes. Cuando Cristo estuvo en la tierra, él fue el abogado de los discípulos, abogando su causa en contra del mundo, y sirviéndoles con sabios consejos; y ahora el Espíritu Santo está continuando este trabajo en la iglesia. Hasta aquí el trabajo es idéntico, pero también es diferente. Cristo como nuestro abogado, aboga la causa del creyente con el Padre, en contra de Satanás, el acusador (Zac. 3:1; Heb. 7:25; 1 Jn. 2:1; Ap. 12:10), en tanto que el Espíritu Santo no sólo aboga la causa de los creyentes en contra del mundo (Jn. 16:8), sino que también los ayuda a cumplir la misión de Cristo y además les sirve con sabios consejos (Jn. 14:26; 15:26; 16:14). Brevemente, se puede decir que Cristo aboga nuestra causa con Dios, en tanto que el Espíritu Santo aboga la causa de Dios en favor de nosotros. Otros pasajes del NT que hablan de la obra intercesora de Cristo se encuentran en Romanos. 8:24; Hebreos 7:25; 9:24[146].

En el pasaje de 1ª. de Juan citado anteriormente, Juan exhorta a que no vivamos en pecado, pero si alguno cayere en pecado:

> El remedio es confesar y abandonar ese pecado (1:19). La seguridad del perdón está en la sangre de Jesucristo. (v. 2; 1:7) y su ministerio celestial como "abogado", es decir, él es quien habla al Padre en nuestra defensa. Él intercede en favor de los creyentes sobre la base de su muerte y el arrepentimiento de ellos y de la fe que tienen en él (Ro. 8:34, Heb. 7:25)[147].

---

[146] Louis Berkhof. *Teología Sistemática*, pp. 476, 477.
[147] Donald C. Stamps. *Biblia de Estudio Pentecostal*, p. 1828.

Cristo como nuestro abogado, hace frente a las acusaciones lanzadas contra nosotros por el *"acusador de los hermanos"* con respecto al pecado para los verdaderos creyentes, una vida de pecado habitual está fuera de esta consideración (1 Jn. 3:6); pero algunos casos aislados de pecado son posibles en los mejores creyentes y tales ocasiones requieren la defensa de Cristo. En 1ª. Juan 2:1,2, se expresan tres consideraciones que dan fuerza a su defensa: Primero, el Señor está con el Padre en presencia de Dios; segundo, él es justo, y como tal, [puede]hace[r] expiación por otros; tercero, él es la propiciación por nuestros pecados, es decir un sacrificio que asegura el favor de Dios mediante la expiación de los pecados[148].

¡Qué maravilla tener a nuestra disposición la persona y obra del Señor Abogado en el cielo y listo para ayudarnos en cualquier circunstancia!

II.   COMO INTERCESOR

A. ¿Cuál es la idea más común que se tiene de la intercesión de Cristo?

La idea prevaleciente es que la intercesión de Cristo consiste exclusivamente en la oración que ofrece por su pueblo. Ahora bien, no puede negarse que estas oraciones constituyen parte importante de la obra intercesora de Cristo, pero que no son el total de ella. El punto fundamental que hay que recordar es que el ministerio de la intercesión no debe disociarse de la expiación, puesto que son dos aspectos de la misma obra redentora de Cristo; y de los dos debe decirse que se funden en uno. ¿Cómo podemos notar la unidad de la intercesión con la expiación? Martín Lutero encuentra que los dos aparecen constantemente una frente a otra y se relacionan tan estrechamente en la Escritura, que se siente justificado al hacer la siguiente afirmación:

> La esencia de la intercesión es la reconciliación y la reconciliación es esencialmente una intercesión. O, quizá, para poner la paradoja en forma clara: La expiación es verdadera, - verdadero sacrificio y ofrenda, y no una mera fortaleza pasiva, - porque en su naturaleza íntima es una

---

[148] Myer Pearlman. *Teología Bíblica y Sistemática*, p. 195.

intercesión activa e infalible; en tanto que, al contrario, la intercesión es verdadera intercesión-intercesión judicial, representativa y sacerdotal, y no un mero ejercicio de influencia, - porque esencialmente es una expiación u ofrenda substitutiva, perfeccionada de una vez por todas en el Calvario y ahora perpetuamente presentada y gozando la experiencia de perpetua aceptación en el cielo[149].

¿Es difícil entender esta afirmación? Probablemente sí, pero analizándola encontramos los elementos siguientes en la intercesión de Cristo:

B. Los elementos de su intercesión

1. El elemento de la expiación.

Precisamente, como el Sumo Sacerdote en el gran día de la expiación entraba al lugar Santísimo con un sacrificio completo para presentarlo a Dios, así Cristo entró en el lugar santo celestial con un sacrificio completo, perfecto y todo suficiente y lo ofrendó al Padre. Y exactamente así como el Sumo Sacerdote al entrar al lugar Santo llegaba a la presencia de Dios, llevando simbólicamente las tribus de Israel en el pectoral sobre su pecho, así Cristo se presentó delante de Dios como el representante de su pueblo y [a la misma vez] reinstaló de este modo a la humanidad en la presencia de Dios. A este hecho se refiere el escritor de Hebreos cuando dice: "***Porque no entró Cristo en el Santuario hecho de mano, figura del verdadero, sino en el cielo mismo para presentarse ahora por nosotros ante Dios***", Hebreos 9:24.

2. El elemento de la mediación.

Hay también un elemento judicial en la intercesión, precisamente como lo hay en la expiación. Mediante ésta, Cristo satisfizo todas las demandas justas de la ley, de tal manera que ningún cargo legal puede presentarse en justicia en contra de aquellos por quienes él ha pagado el precio. No obstante, Satanás el acusador, está siempre ocupado en traer acusaciones en contra de los salvos; pero Cristo las confronta todas, señalando a su obra

---

[149] Berkof, *Op. Cit.,* p. 477.

completa. Él es el *parakleto*, el abogado de su pueblo que responde a todos los cargos que se presentan contra ellos, (Heb. 9:15).

3. El elemento de la oración.

En la intercesión y a través de toda ella, hay finalmente también el elemento de oración en favor del pueblo de Dios. Si la intercesión es inseparable de la obra expiatoria de Cristo se deduce que la oración de intercesión debe estar relacionada con las cosas que pertenecen a Dios (Heb. 5:1), para completar la obra de redención. Que este elemento está incluido, es evidente del todo según se desprende de la oración intercesora en Juan 17, donde Cristo dice explícitamente que él ora por los apóstoles y por aquellos que por medio de la palabra de ellos creerán en él. Es un pensamiento consolador el que Cristo esté orando por nosotros aun cuando seamos negligentes en nuestra vida de oración; que él esté presentando al Padre aquellas necesidades espirituales que no estaban presentes en nuestras mentes y que a menudo nos descuidamos de incluirlas en nuestras oraciones: Y que él ora para que seamos protegidos en contra de los peligros de los cuales no tenemos todavía conocimiento, y en contra de los enemigos que nos amenazan, aunque no lo sepamos. Está orando para que nuestra fe no se agote, y para que salgamos victoriosos al final[150]. A fin de tener un concepto más amplio de la eficacia de la intercesión de Cristo; es necesario reconsiderar la intercesión que realizó a favor de Pedro (Lc. 22:3, 32). Fue efectiva, ya que fue la que lo sostuvo en el momento que más lo necesitaba.

C. Las características de su intercesión

Hay tres características, especialmente, de la obra intercesora de Cristo, a las cuales debe dirigirse nuestra atención:

1. La constancia.

Necesitamos no sólo un Salvador que haya completado una obra objetiva para nosotros en el pasado, sino también uno que diariamente esté ocupado en asegurar para los suyos la aplicación subjetiva de los frutos

---

[150] *Loc. Cit.,* pp. 480, 481.

del sacrificio cumplido. Decenas de millares de personas demandan su atención a cada momento y un instante de interrupción será fatal para sus intereses. Por lo tanto, él siempre está alerta. Está atento a todos las suplicas y oraciones sin que se le escape ninguna de ellas, Hebreos 7:25.

2. El carácter autoritativo.

No es completamente correcto representarlo como suplicante ante el trono de Dios implorando los favores del Padre para Su pueblo. Su oración no es la petición de la criatura suplicante ante el Creador, sino el ruego del Hijo al Padre. "El conocimiento cabal de su dignidad igual, de su potencia y prevalente intercesión se conoce en que siempre que pide, o declara que pedirá alguna cosa del Padre, lo expresa siempre con las palabras *eroto*, *eroteso*, una petición en forma autorizada, es decir sobre términos iguales (Jn. 14:16; 16:26; 17:9, 15:20), nunca *aiteo* o *aiteso*, un ruego suplicante. Cristo permanece delante del Padre como un intercesor autorizado, y como uno que puede presentar demandas legales. Él puede decir con toda seguridad: "***Padre, aquellos que me has dado, quiero que donde yo estoy ellos estén también conmigo***", Juan 17:24.

3. La eficacia

La oración intercesora de Cristo nunca falla. En la tumba de Lázaro el Señor expresó la confianza de que sus oraciones son efectivas (Jn. 11:41-43); ellas alcanzaron todo lo que él deseaba. El pueblo de Dios puede derivar consuelo del hecho de que tienen cerca del Padre a un intercesor tan poderoso que siempre triunfa[151].

III. COMO GRAN SUMO SACERDOTE

A. Un Sumo Sacerdote compasivo

Como sacerdote fiel, nuestro Señor ascendido se compadece, ayuda, y le da gracia a su pueblo (Heb. 2:18; 4:14-16). En este último pasaje el escritor basa este ministerio en la ascensión: Él "***traspasó los cielos***".

---

[151] *Ibid*, pp. 478, 479.

Como fiel sacerdote, nuestro Señor intercede por su pueblo (7:25). El escritor relaciona este ministerio con el hecho de que este sacerdote no está sujeto a la muerte como los sacerdotes del AT, sino que Cristo permanece siendo sacerdote para siempre y siempre vive para interceder por su pueblo. No sabemos del todo la forma exacta que este ministerio toma en comunicar o mencionar nuestras necesidades; pero aparentemente abarca tanto el aspecto positivo de pedir que no ocurran ciertas cosas en nuestras vidas (Lc. 22:32), como el negativo de limpiarnos de cosas malas que sí ocurren (1 Jn. 2:1-2). No sabremos hasta que estemos en el cielo todo lo que este ministerio de nuestro Sumo Sacerdote ha significado en nuestras vidas, tanto en los aspectos positivos como en los negativos, en cuanto a nuestras fallas o errores.

Como Sumo Sacerdote nuestro Señor también sirve como el precursor, que nos asegura que nosotros finalmente tendremos la entrada en el cielo como él ya la ha tenido (Heb. 6:19,20). La palabra "precursor" se aplica a un explorador que reconoce el terreno por donde otros van a transitar, o a un heraldo que anuncia la venida de un rey; en otras palabras, implica que otros le seguirán. Cristo está ahora en el cielo como nuestro Sacerdote; esto nos asegura que nosotros le seguiremos a ese lugar algún día.

B. Como sacerdote él prepara un lugar para nosotros

Un poco antes de su muerte, el Señor informó a los discípulos que pronto iría a preparar lugar para ellos, después de lo cual él regresaría para llevarlos allá (Jn. 14:1-3). La *"casa del Padre"* se refiere al cielo, y en el cielo *"muchas moradas hay"*. La palabra se halla solamente en los versículos 2 y 23 e indica residencias permanentes. Parte de su obra actual es preparar estas residencias para los suyos. Para poder comenzar esta obra él tenía que ir al Padre por la vía (v. 6) de la muerte y la resurrección[152]. En Juan 14:23 indica que el Padre y el Hijo hacen morada en el creyente ahora, "para que experimentemos la presencia inmediata y el amor del Padre y el Hijo. El Padre y el Hijo llegan a vivir en el creyente por medio del Espíritu Santo"[153]; el cual nos ayuda a tener una permanencia espiritual con Dios (1 Jn. 2:24) y que gocemos de una comunión plena con él (Ap. 3:20).

---

[152] Charles C. Ryrie. *Teología Básica,* pp.310, 311.

[153] Donald C. Stamps (Red). *La Biblia de Estudio Pentecostal.* p.1481.

Con respecto al Sacerdocio de Cristo Pearlman agrega:

> Cristo que preparó el camino. La separación entre Cristo y la Iglesia terrena que comenzó con la ascensión, no es permanente. Ascendió en calidad de precursor para preparar el camino para ellos, a fin de que le siguieran, Su promesa fue la siguiente: *"Donde yo estuviere, allí también estará mi servidor"* Juan 12:26. El término precursor se aplica primeramente a Juan el Bautista pues fue quien preparó el camino para Cristo Lucas 1:76. Así como Juan preparó el camino para Cristo, así también el Cristo ascendido preparó el camino para la Iglesia. Esta esperanza es comparada *"a la segura y firme ancla del alma, y que penetra hasta dentro del velo, donde Jesús entró por nosotros como precursor"*. Hebreos 6:19, 20[154].

El escritor a los Hebreos en dos pasajes claramente nos habla de que Cristo es nuestro Sumo Sacerdote: 4:14-16 y 8:1. En el primero nos dice que una de las más grandes bendiciones de la salvación que Cristo nos otorga, es que en calidad de Gran Sumo Sacerdote nos abre un camino a la presencia de Dios, mediante el cual siempre podremos buscar la ayuda que necesitamos.

El segundo pasaje nos habla del lugar desde donde él desempeña este ministerio sacerdotal, pero ¿Qué aspectos abarca este ministerio? El ministerio de Jesucristo como sumo sacerdote (2:17) abarca seis aspectos: (1) Él fue a la vez el Sacerdote y el sacrificio mismo. Se ofreció por todas las personas como sacrificio perfecto por el pecado al derramar su sangre y morir en el lugar del pecador (2:17-18; 4:15; 7:26-28; Mr. 10:45); (2) Él es mediador del nuevo y mejor pacto para que todos *"los llamados reciban promesa de la herencia eterna"* (3:15-22) y con confianza tengan acceso continuo a Dios (6:19-20; 10:19-22); (3) Él está en el cielo en la presencia de Dios para dar la gracia de Dios a los que creen (4:14-16). Mediante esa gracia que imparte a los creyentes, Cristo los regenera (Jn. 3:3) y derrama el Espíritu Santo sobre ellos (Hch. 1:4; 2:4,33); (4) Jesucristo funge como mediador entre Dios y todos los que, habiendo quebrantado la Ley de Dios, buscan el perdón y la reconciliación (1 Jn 2:1-2); (5) Jesucristo mantiene Su

---

[154] Pearlman, *Op, Cit.,* p.193

sacerdocio de manera permanente, se compadece de los creyentes que son tentados y los ayuda en su necesidad (1 Jn. 2:18; 4:15-16); (6) Jesucristo vive siempre para interceder en el cielo por todos los que *"por él se acercan a Dios"* (7:25) con fe. Dará al fin, realización completa a la salvación del creyente (véanse 7:25 y 9:28) [155].

APLICACIONES

- Cada creyente debe tener en mente que la intercesión contiene una doble bendición, y puede decir con confianza: 1) Cristo aboga mi causa ante el Padre y en contra de Satanás. 2) El Espíritu Santo me ayuda con su Poder, a obedecer a Dios, a cumplir con la Gran Comisión, me da sabios consejos, me santifica y me ayuda a mejorar mi estilo de vida para que los planes y la voluntad de Dios se cumpla en mí.
- Jesucristo como intercesor nos perdona en el momento del arrepentimiento, nos ofrece mediación en el momento de la comunión con Dios (1 Ti. 2:5), nos protege por medio de su oración intercesora en el momento que nos encontramos en diferentes dificultades y peligros.
- Jesucristo como el gran Sumo Sacerdote continúa siendo el mediador entre Dios y los hombres. Es Jesús quien manifiesta la presencia de Dios en nuestras debilidades y pruebas. Él es quien habita en cada creyente sincero, su presencia la hace tan real por medio de su Espíritu Santo. Cristo nunca deja de ser, ni pasará a la historia, sino que seguirá haciendo historia en nuestras vidas.

CONCLUSIÓN

No porque Cristo está sentado a la diestra del Padre esto significa que está pasivo. Él realiza hoy un ministerio completo en favor de su pueblo, y en el cielo aún está en actividad. Él es nuestro abogado que hace frente a las acusaciones de nuestro adversario. Él es nuestro intercesor y sacerdote quien ha hecho expiación por nuestros pecados. Por lo tanto, tenemos un Gran Sumo Sacerdote de pie y listo para venir en ayuda de los que están siendo probados, y deseoso de dar gracia en tiempo de necesidad, (Heb. 7:20-27).

---

[155] Stamps, *Op, Cit.*, p. 1781.

LA RELEVANCIA DE SU NACIMIENTO VIRGINAL

"EL QUE NACIÓ PARA VENCER"

(Trabajo monográfico elaborado por el
Lic. Jorge C. Canto Hernández,
publicado con su permiso)

El incremento del descrédito que el mundo está teniendo respecto al cristianismo, la gran competencia que surge debido a las doctrinas de origen orientalista y a la incredulidad que se manifiesta en las sociedades que en un tiempo fueron llamadas cristianas y hoy parecen más centros de apoyo personal; hacen necesario el estudio del nacimiento virginal de Jesucristo, para vindicar el origen sobrenatural y único de la fe cristiana, en especial con el énfasis Pentecostés.

El conocimiento de la doctrina bíblica e histórica del nacimiento virginal de Jesucristo permitirá apreciar la fe cristiana como sobrenatural y única en su especie y así evitar la infección de cualquier otra doctrina ajena a la ortodoxia tradicional.

Mediante una investigación bibliográfica, bíblica y documentaria sobre el tema de la partenogénesis, se determinará y apoyará contundentemente a la fe y continuidad del Cristianismo Ortodoxo en la edad contemporánea, permitiendo así una praxis eclesial con mayor persuasión y pasión a través de sermones de mayor énfasis cristológico y de comportamiento más acorde a la visión bíblica.

Aunque tradicionalmente las iglesias históricas no tienen problema alguno para fundamentar sus doctrinas sobre la base del nacimiento virginal de Cristo y en ella han tenido resultados poderosos. Se investigará en primera instancia, lo que el Antiguo Testamento y el Nuevo Testamento dicen en cuanto al tema. Se hará una investigación en libros históricos y fuentes doctrinales aunada a la opinión científica sobre el tema.

I. POSTURA DE LA SOCIEDAD RESPECTO AL NACIMIENTO VIRGINAL DE JESÚS

En torno a la figura del Gran Maestro de Galilea se entretejen grandes historias que se escuchan y alientan el corazón. Al ser la figura de Jesús de índole sobrenatural, su vida está matizada de elementos que solo pueden quedar clasificadas en el mismo orden, es decir, son de orden milagroso. La fe es una herramienta en este sentido, puesto que afianza las afirmaciones que la Biblia, la cual es la norma de fe y conducta, y que hacen en torno al Señor, afirmaciones que solo se pueden comprender a través de la fe. Su muerte, resurrección y milagros serán siempre un tormento a la mente racional del escéptico, no así para el creyente fiel.

De entre todos los acontecimientos de la vida de Jesús su nacimiento y resurrección polemizan la existencia del humilde Maestro. El nacimiento virginal de Cristo causa escozor en la mente humana que lubrica un sin fin de pensamientos en torno a ello. El nacimiento virginal, o partenogénesis como se conoce teológicamente, matizan perfectamente la línea de fe o incredulidad que, los propios y extraños, tienen en torno al gran personaje de Galilea.

A. La partenogénesis desde la perspectiva de las sociedades no cristianas

Las sociedades no cristianas, tienen historias que, según ellos, son "iguales" a la historia del nacimiento virginal de Cristo. Sin embargo, están muy lejos de ser así y en realidad solo guardan cierta "similitud" con la narrativa bíblica, e incluso, pudieron haberse inspirado algunas de ellas de la historia bíblica original.

A continuación aparecen algunos ejemplos:

1. Cesar Augusto promovía la idea que el dios Apolo era su padre, y que preñó a su madre cuando ella tenía la forma de una serpiente.

2. Alejandro el Grande también esparció la idea de que era hijo de un dios que, estando en la forma de serpiente, cohabitó con su madre. ¡Es importante notar que ninguna de estas dos madres era virgen!

3. Hay algunos críticos que llaman la atención a las fábulas romanas de Hermes y Dionisio, pero tales cuentos eran increíblemente viles y malos. Muchos en Grecia y Roma, incluyendo a Platón, se avergonzaron de ellos y trataron de tenerlos abolidos. En ninguna manera pueden compararse a la hermosura, la pureza y la bendición de la historia del Evangelio.

4. ¿Qué del budismo? El budismo no se conocía en el tiempo de Cristo y no tenía influencia sobre el cristianismo del primer siglo. Siglos después, los budistas adoptaron la historia ridícula que la madre de Buda, mientras dormía profundamente, fue empreñada por un elefante con seis colmillos blancos que resultó en el nacimiento de Buda diez meses después.

5. Las mitologías griegas generalmente carecían de cualquier elemento histórico. La historia del Evangelio está planteada y documentada en cuanto a personas, tiempo, lugar, fecha y otros detalles. Estas mitologías son vagas, sin forma, y sin tiempo.

6. Las mitologías del Este no proveen ningún caso de un nacimiento virginal.

7. No se puede encontrar en ninguna parte de las mitologías algo comparable con la historia del nacimiento virginal. Es la historia de Dios mismo que eligió venir al mundo por vía de una virgen para redimir a la raza humana entera del pecado.

8. Toda la idolatría pagana era totalmente repugnante a los cristianos primitivos; por consiguiente, es necesario aclarar que los escritores bíblicos no adoptaron ningún concepto pagano al escribir.[156]

B. El significado y uso de la partenogénesis

La partenogénesis no es una palabra desconocida para el mundo secular. Proviene del griego "partenon", virgen y del verbo "genaoo", producir, crear. En medicina "partenogénesis" es un vocablo que se usa para referirse a la generación espontánea, es decir, a la creación de vida sin necesidad de progenitor alguno. En el mismo sentido y en el caso de la Evolución, el término se aprovecha a lo máximo ya que esta "teoría" tiene que echar mano abundantemente de esta palabra para tratar de demostrar que cada eslabón en la cadena evolutiva fue posible sin necesidad de padres genéticos[157]. Aunque Luis Pasteur ya hace tiempo que demostró fehacientemente que la partenogénesis es totalmente contraria a la realidad biológica[158]. Los naturalistas insisten en su creencia de que es posible, ya que, de otro modo, tendrían la desdicha de considerar seriamente la existencia de un "origen", lo que también derivaría en la idea de un "originador", algo que no está dispuesto a aceptar tan fácilmente cualquier evolucionista que se jacten de serlo.

La partenogénesis se utiliza también para referirse al desarrollo de un individuo a partir de una célula femenina, y este desarrollo puede ser en aspectos diferentes: la natural y la experimental. La natural se da en animales más sencillos, mientras que es prácticamente nulo en mamíferos de los cuales, si se da, son generalmente abortivos. En todo sentido, falta la intervención de cuando menos uno de los progenitores en el desarrollo de nuevos individuos[159].

---

[156] William S. H. Piper, D.D., *En nacimiento virginal de Cristo*.
http://www.bimi.org/varaDeDios/LECCI_11.pdf
Última consulta, 08 de agosto de 2013.
[157] Brian L. Silver, *El Ascenso de la Ciencia* (Fondo de Cultura Económica, 2005), p. 467.
[158] Patricia Campos-Bedolla, *Biología* (Editorial Limusa, 2003), p.75.
[159] Antonio Cruz Suárez, *Bioética cristiana: una propuesta para el tercer milenio* (Editorial Clie, 2008), p. 151.

De igual forma, la sola idea respecto al nacimiento virginal de Jesús toma perspectivas de incredulidad debido a que, en primera instancia, es un dogma de fe, en segundo aspecto a que Pasteur ha demostrado que biológicamente es imposible (al menos en un mundo material que se tiene en frente), y que, obviamente, es una doctrina cae en el ámbito de lo metafísico, situación que la mente moderna quizá no quiera incursionar, o ni siquiera considerar que existe un mundo sobrenatural.

Ya desde muy temprano, en la historia, la burla al nacimiento de Jesús se manifestó. Muchos detractores de la fe le llamaban "Jeshúa Ben Pandira"[160], es decir, "Jesús hijo de Pantera" término denigrante con que los judíos y romanos se dirigían a Jesús, tildando a la concepción virginal de María como un cuento ridículo. Es más, decía, que María fue violada por un centurión al que apodaban Pantera, de la X legión. Por ello ridiculizaban la fe cristiana dibujando a Jesús crucificado con cara de asno, como se puede apreciar en un "grafiti" donde un soldado romano pagano se mofa de la fe de un centurión convertido al cristianismo, creyente de nombre al parecer Alexámenos[161].

Se debe considerar que otras religiones en la historia cuentan en sus diversas doctrinas con historias similares a la partenogénesis, como es el caso de Tamuz, cuya madre Semiramis fue preñada por Nimrod quien vino del más allá propiciando así que la madre concibiera "espiritualmente"[162]. Otras sociedades de fe en el devenir histórico, parecen contar con algo similar entre sus dogmas, y eso lleva a mirar la partenogénesis cristiana como una copia, de las tantas que puede haber, de religiones ancestrales.

Es así, que en realidad, son pocas las personas que, fuera de la fe cristiana, quizá aprecien el nacimiento virginal de Jesús como algo digno de credibilidad, y no se puede esperar menos, ya que dicha doctrina, además de representar un acto sobrenatural realizado por el Espíritu Santo, tiene en contra un factor que no se ha mencionado hasta el momento; dicho factor es la intervención perniciosa de Satanás, quien, sin lugar a dudas, también

[160] Robert Travers Herford, *Christianity in Talmud and Midrash* (Williams & Norgate, 1903), p. 346.

[161] Omar López Mato, *"A su imagen y semejanza" - La historia de Cristo a través del arte* (OLMO Ediciones, 2010), p. 30.

[162] Saulo Villatoro, *El Árbol que Dios Planto: Enciclopedia Ilustrada* (CBH Books, 2009), p.108.

juega un papel importante en desprestigiar los actos milagrosos del Dios todopoderoso. El diablo siempre quiere torcer los caminos rectos del Señor y perjudicar al hombre, entenebreciendo su conciencia y limitando todo intento firme del alma humana de acercarse a su Señor. Como este sistema actual está más que permeado por la miserable mano del Maligno, no se puede más que esperar ataques en contra de la Partenogénesis de Jesucristo.

C. La Partenogénesis desde la perspectiva de las sociedades cristianas

Es necesario entender que cuando se habla del nacimiento virginal de Jesús, fuera de la esfera de creyentes cristianos, se estará esperando la mofa del incrédulo; Sin embargo, se debería suponer que en el escenario cristiano no se habría de tener duda alguna, que todas las denominaciones compartieran en común que la partenogénesis es algo real y aceptable como dogma de fe para todos aquellos que se dignen de ser llamados creyentes. Aparentemente es así, pero no en todos los casos. Existen iglesias o denominaciones evangélicas, o ministros dentro de las iglesias llamadas ortodoxas o fundamentalistas, que no manifiestan un apego real a esta doctrina, y para respaldar esta postura exponen toda clase de argumentos que, para ellos, satisfacen este razonamiento anti dogmático.

La iglesia católico-romana tiene en alta estima la doctrina del nacimiento virginal de Jesucristo, como es bien sabido, llegando al grado de defender que María fue siempre virgen, y así permaneció hasta la supuesta ascensión. Por consiguiente, según ellos, hoy María gobierna desde los cielos habiendo salvaguardado su virtud la cual nunca perdió y por lo visto jamás perderá. Las iglesias evangélicas tradicionales tales como luteranos, calvinistas, bautistas, presbiterianos, pentecostales ortodoxos y demás manifiestan claramente una fe inquebrantable a la doctrina de la partenogénesis, ya que tienen en común criterio el Credo Apostólico de donde emanan doctrinas fundamentales y comunes, dicho credo reza en una de sus partes: "Creo en Jesucristo, su único Hijo, nuestro Señor, Que fue concebido por obra y gracia del Espíritu Santo, nació de María Virgen"[163]. Desde muy temprano la Iglesia Cristiana definió su postura respecto al dogma de la partenogénesis, ya

---

[163] Juan Pablo II, *Creo en el Espíritu Santo: Catequesis sobre el Credo (III)* (Palabra, 1996), p. 8.

que los creyentes de aquellos primeros siglos vieron la urgente necesidad de salvaguardar la doctrina de los ataques de aquellos tiempos y de prepararse para lo que vendría en el futuro.

Las Asambleas de Dios, como denominación evangélica fundamentalista, manifiesta un verdadero apego a la doctrina del nacimiento virginal del Señor y lo enseña en sus institutos bíblicos. En México, por ejemplo, en la página 13 de la Constitución de las Asambleas de Dios, en el apartado de los puntos doctrinales, numeral 2.3.1, inciso b) indica con toda claridad: "b) Su nacimiento virginal. Mateo 1:23; Lucas 1:31, 35."[164]

Como se puede hacer notar fácilmente, en realidad las manifestaciones de incredulidad de parte de las denominaciones evangélicas sobre la doctrina del nacimiento virginal de Jesús son más bien aisladas y no representan a algún movimiento serio de iglesia alguna. Es más, a veces, la negación de este dogma por parte de "creyentes" aparentemente son solo chismes mal intencionados de algunos "reporteros" o escritores más bien virulentos contra el cristianismo:

> Pero los creyentes son dóciles, están dispuestos a someterse, a acatar cualquier concepto estúpido. Pregúntale a un cristiano: «¿Qué significa nacimiento virginal?». Todos los cristianos creen en ello; y si no crees en ello no eres un buen cristiano. Hace apenas unos días un obispo de Londres fue expulsado de su cargo por decir: «No creo en el nacimiento virginal». Si no crees que nació de una virgen, no eres cristiano, y por tanto ¿cómo puedes ser obispo? Estás propagando ideas peligrosas en la mente de las personas. Mañana dirás: «No creo en el Espíritu Santo». No podrás evitar decirlo: «¿Quién es ese tipo, el Espíritu Santo? Hace cosas que no son santas, deja embarazada a la pobre Virgen María, ¡y todavía sigue siendo el Espíritu Santo!».[165]

Continuando con esta línea de ideas, algunos aparentemente con toda la buena intención, afirman que esta doctrina no es necesaria en lo absoluto para la aplicación en el plan divino de la salvación:

---

[164] Constitución de las Asambleas de Dios. A.R. (ECCAD, 2011), p. 13.
[165] Osho Osho, *La magia de ser tú mismo*, (Random House Mondadori, 2012), s/n.

Por otra parte, algunos han sostenido que la doctrina del nacimiento virginal es prescindible. "Se puede omitir sin que se produzcan problemas en el significado esencial del cristianismo. Aunque pocos evangélicos toman esta posición de forma activa, es interesante constatar que algunos textos de teología sistemática evangélica hacen escasa o nula referencia al nacimiento virginal en su tratamiento sobre la cristología". De hecho, muchas de las discusiones sobre el nacimiento virginal se han realizado en obras separadas que tratan detalladamente el tema.[166]

Aunque muchas veces puede ser triste que alguien afirme que tal o cual creyente desaprueba la doctrina del nacimiento virginal no debe sorprender a nadie, la Biblia lo señala cuando dice que, "*habrá hombres que no soportarán la sana doctrina*" (2 Ti. 4:3). Aún estarán dentro de la iglesia cristiana evangélica. Sin embargo, en general el panorama está tranquilo, la Sana Doctrina tendrá siempre gente a su favor, dispuesta a defenderla con todo fervor.

II. POSTURA DE LA CIENCIA RESPECTO AL NACIMIENTO VIRGINAL DE JESÚS

Echaremos un vistazo a lo que tiene que decir la ciencia sobre este gran acontecimiento, la partenogénesis, dentro de su propio marco de referencia. ¿Existirán científicos que la consideren posible? ¿Existen pruebas de que sea posible un nacimiento virginal? Como el nacimiento virginal que nos narra la Escritura es un hecho sobrenatural no es de esperarse más que una actitud escéptica de los científicos respecto al tema, sin embargo, se puede conocer lo que algunos de ellos piensan y si en realidad es factible el acto en sí hoy en día.

A. La ciencia en el pasado

La ciencia aparentemente ha sido enemiga del cristianismo desde siempre, pero en primer lugar la verdadera ciencia nunca ha contra dicho

---

[166] Millard J. Erickson, Teología Sistemática *Volumen 28 de Colección Teología contemporánea: Estudios teológicos* (Editorial CLIE, 2009), p. 756.

el mensaje de la Biblia. La astronomía ha demostrado (lo mismo que afirmó las Escrituras milenios atrás) que nadie puede contar las estrellas, y éstas, aunque no son ilimitadas, es imposible que alguien en realidad calcule su número; de hecho, no hay un número infinito de estrellas, si hubiera un número infinito de estrellas entonces a cualquier parte del cielo que observemos encontraremos una estrella, y esto no es cierto. A este razonamiento se le conoce como la Paradoja de Olbers[167]. Aun sabiendo que allí afuera las estrellas en realidad sí tienen un número (solo nuestra Vía Láctea), la galaxia donde vivimos, se calcula que tiene 200,000 millones de estrellas[168], (y por mucho, es una de las galaxias de menor tamaño). En primer lugar, las demás ciencias "duras" como la arqueología, la geología, las ciencias naturales no contradicen en realidad los relatos bíblicos, incluso los confirman. En segundo lugar, las ciencias se separaron de la Biblia no hace mucho, es más, en realidad tiene poco tiempo, desde que la teoría de la Evolución fue aceptada por los hombres. Sin embargo, allí está la Biblia, firme, hasta el fin.

En la antigüedad, la ciencia caía más en mera especulación o en la alquimia. La Teología era tratada como la "reina de las ciencias"[169] así que no existía una real discrepancia entre el púlpito y la mesa del investigador. Como el método científico no se había perfeccionado el avance no era tan vertiginoso como lo es ahora. Lo más maravilloso de todo es que Boyle, Bacon, Descartes[170], que aportaron para darle forma al famoso método científico, en realidad eran creyentes de Dios.

B. La ciencia en el presente

Como bien se sabe, la mayoría de la gente piensa que ser científico es sinónimo ser ateo. Sin embargo, la lista de grandes hombres de laboratorio y pensamiento que creyeron en Jesús y en su partenogénesis es enorme, aunque los que reciben mayor publicidad son aquellos que se burlan de tal

---

[167] Carl Sagan, I. S. Shklovskii, *Vida inteligente en el universo* (Reverte, 1981), p.139.

[168] Cuauhtémoc Anda, Cuauhtémoc Anda Gutiérrez, *Introducción a las ciencias sociales* (Editorial Limusa, 2002), p. 14.

[169] James Leo Garrett, *Teologia Sistematica: Tomo I, Biblica, Historica, Evangelica* (Editorial Mundo Hispano, 2003), p. 16.

[170] Sergio F. Martínez, Godfrey Guillaumin, *Historia, filosofía y enseñanza de la ciencia* (UNAM, 2005), p. 107.

sentido doctrinal y aparentemente el pensamiento por sí solo satisface más la razón. Como se ha mencionado ya, todo este tema pertenece a la fe, a la metafísica, por llamarlo de alguna manera.

Hoy, los científicos quizá no quieran ni pensar en cualquier doctrina cristiana, y quizá menos en doctrinas tan dogmáticas como la partenogénesis o la resurrección. Sin embargo, el ateísmo parece estar retrocediendo y algunos hombres de ciencia no son tan incrédulos como parece.

El Dr. Antonio Cruz Suárez (Doctor en Ciencias Biológicas – Univ. Barcelona) en su libro: Bioética Cristiana, Publicado por editorial Clie; Menciona: "en 1944 en el Hannover destrozado por la guerra. Durante el bombardeo aliado en la ciudad, una joven alemana se desplomó en la calle. Nueve meses más tarde dio a luz una niña, que parecía – a través de análisis de sangre, huellas dactilares y otros indicadores, ser la exacta gemela de su madre. La mujer juró que no había mantenido con nadie relación sexual alguna, y exhaustivos exámenes médicos apoyaban su demanda. Los médicos que la examinaron creen que el susto del bombardeo pudo haber agitado una célula dormida en el cuerpo dentro del útero, comenzando así la reproducción". Sin embargo, la genetista Dra. Helen Spurway (genetista del London University College) sugiere que la partenogénesis humana puede ocurrir en uno de cada 1.6 millones de embarazos, aunque muy pocas muestras han sido documentadas con fiabilidad.[171]

La ciencia demuestra entonces que algunos accidentes biológicos, impulsos químicos y físicos pueden producir reacciones cromosómicas capaces de impulsar una partenogénesis humana. En otras palabras, la tesis de partenogénesis espontánea pudiera darse, y así demostrar que el dogma cristiano no tiene nada de descabellado. Aunque en realidad al creyente no le compete clasificar ni demostrar el nacimiento del Salvador a un mero hecho científico, debido a que al fin de cuentas es Dios quien puede hacer lo que su gran poder y sabiduría le dirigen, es siempre reconfortante saber que en algunos laboratorios se derriten muchas neuronas por situaciones que desafían la incredulidad.

---

[171] Antonio Cruz Suárez, *Bioética cristiana: una propuesta para el tercer milenio*, (Editorial Clie, 2008), p.152.

III. POSTURA DE LA BIBLIA SOBRE EL NACIMIENTO VIRGINAL DEL SEÑOR JESUCRISTO

¿De dónde se obtiene la información sobre el nacimiento virginal de Jesús? De la Biblia por supuesto. Aunque los detractores de las Escrituras no quieran admitir algún grado de perfección y divinidad en ella, lo importante es que ella habla por sí misma. Fue escrita para la gente que aceptó su mensaje, por lo tanto, gasta poco tiempo convenciendo a sus lectores de su autenticidad. Charles Spurgeon dijo una vez: «La Biblia no precisa ser defendida más de lo que un león enjaulado necesita que se le defienda. Todo lo que debemos hacer con el león es sacarlo de su jaula, y él se defenderá a sí mismo»[172].

A. Postura del Antiguo Testamento

Algunos versículos eran imposibles de determinar en su momento. Por ejemplo, en el anuncio de Isaías que dice: *"Por tanto, el Señor mismo os dará señal: He aquí que la virgen concebirá, y dará a luz un hijo, y llamará su nombre Emanuel"*. (Is. 7:14). En este versículo en particular, en su contexto histórico, quizá fue entendido más que nada como una señorita virgen que se casaría y concebiría de su esposo un varón libertador. No habría para la gente común un comentario milagroso en esta expresión. Pero estudiándolo más de cerca, con toda seguridad estaba marcando un acontecimiento inaudito, algo totalmente fuera de lo normal. En realidad, este texto estaba apuntando a un milagroso nacimiento, como bien lo apunta Calvino:

> ¿Qué portento estaría anunciando el profeta, si hablaba de una joven que concebiría por medio de tener relaciones sexuales con un hombre? Ciertamente que habría sido absurdo considerar un hecho, así como una señal o un milagro. Supongamos que se habla de una joven que quedará encinta por medios naturales. Todos se habrían dado cuenta de que era tonto y despreciable que, después de

---

[172] Max Anders, *30 Días para Entender lo Que Creen los Cristianos* (Thomas Nelson Inc, 2011), p. 24.

anunciar algo extraño y extraordinario, el profeta añadiera que "una joven concebirá". Por consiguiente, es obvio que habla de una virgen que concebirá, no por los medios naturales ordinarios, sino por el poder del Espíritu Santo.[173]

Los estudiosos judíos de su tiempo no pudieron encontrar, quizá, la conexión de esta profecía con una partenogénesis, aunque en las traducciones posteriores, como la famosa XXL, los sabios hebreos pudieron vislumbrar que algo no era del todo normal, por el uso de las palabras que se manejaron en los originales respecto a "virgen" o "muchacha". Edward Hidson habla al respecto:

> Es por demás obvio que el tiempo verbal [*de harah*] que aquí se indica debería tornarse como presente... El tiempo verbal es muy importante para la interpretación del pasaje. Si la palabra *aimah* significa "virgen" y si esta *aimah* ya está encinta y está por dar a luz, entonces la joven es todavía virgen, aunque también es madre. Consideremos la contradicción si este pasaje no apunta al único nacimiento virginal en la historia —el nacimiento de Jesucristo—, ¡La virgen está encinta! ¿Cómo es posible que sea virgen y a la vez esté encinta? Lo que se implica es que el niño nacerá en forma milagrosa sin la intervención de un padre. También se implica que, a pesar de la preñez, la madre es todavía virgen. La palabra *almah* ("virgen") implica un estado presente de virginidad, así como la palabra *harah* implica un estado presente de preñez. Si la acción verbal estuviera en el futuro, no habría garantía de que la virgen que va a dar a luz (en el futuro) será todavía virgen, y no una esposa. Pero si la "virgen" "está encinta", y ella es obviamente tanto virgen como madre, no podemos dejar de concluir que se habla de un nacimiento virginal.[174]

---

[173] Josh McDowell, *Nueva evidencia que demanda un veredicto* (Editorial Mundo Hispano, 2004), p. 338.

[174] Josh McDowell, *Nueva evidencia que demanda un veredicto* (Editorial Mundo Hispano, 2004), p. 338.

Sin embargo, muchos estudiosos bíblicos solo parecen hacer referencia a este pasaje en el Antiguo Testamento, cuando existe otro, aún más significativo, que el famoso pasaje partenogenético de Isaías 7:14, un versículo que perfila perfectamente el acontecimiento de que el Salvador, indiscutiblemente, nacería de una mujer, sin intervención del varón, es decir, de una virgen. Este fue escrito desde el principio: *"Y pondré enemistad entre ti y la mujer, y entre tu simiente y la simiente suya; ésta te herirá en la cabeza, y tú le herirás en el calcañar"*, Génesis 3:15. Otras versiones apoyan la conclusión que se está manejando como, por ejemplo, la versión Libro del Pueblo de Dios dice: *"Pondré enemistad entre ti y la mujer, entre tu linaje y el suyo. Él te aplastará la cabeza y tú le acecharás el talón"*.

Es realmente interesante notar cómo el Señor hace hincapié en una lucha que involucra, con toda obviedad, a la serpiente y, dato curioso, a la mujer, no pone Jehová al hombre como el encargado de la lucha que llevaría siglos y siglos, sino todo muestra que sería una batalla entre el diablo y la descendencia de la mujer, no la descendencia del hombre. Probablemente ni el mismo diablo notó la sutileza, que después de los tiempos de cumplimiento se hace clara en la actualidad.

Así pues, el Antiguo Testamento nos muestra que el santo ser que nacería para salvación a toda la humanidad tendría un nacimiento poco común, este es un hecho único en toda la historia del universo. No pudiera ser de otra manera, Jesús era y es la muestra de la gloria milagrosa y santa de Dios, por ello su nacimiento fue desde el principio milagroso.

B. Postura del Nuevo Testamento

El NT es aún más claro en cuanto al concepto del nacimiento virginal, debido a las claras afirmaciones que hacen los evangelios de este acontecimiento. Los textos abundan en afirmar que Jesús nació de una virgen, llamada María, y que fue por la intervención del Espíritu Santo. Esta una de las piedras angulares de la fe cristiana, debido a la importancia que le da al pecado, era importantísimo establecer que Jesús nacería sin pecado alguno. Negar este acontecimiento sería prácticamente menoscabar la labor del Salvador. El Dr. James Orr afirma que: "El rechazamiento del nacimiento virginal sería una mutilación de las

Escrituras, una contradicción del testimonio continuo de la Iglesia en los tiempos apostólicos, un debilitamiento de la doctrina de la encarnación y un rendimiento práctico de la posición cristiana, a las manos de los partidarios en un Cristo no-milagroso y puramente humano."[175]

Mateo 1:22,23 afirma que: *"Todo esto aconteció para que se cumpliese lo dicho por el Señor por medio del profeta, cuando dijo: He aquí, una virgen concebirá y dará a luz un hijo, Y llamarás su nombre Emanuel, que traducido es: Dios con nosotros".* Este pasaje nos habla claramente de ese nacimiento virginal. Otro texto que nos muestra este importante acontecimiento es la declaración del ángel Gabriel a María: *"El Espíritu Santo vendrá sobre ti, y el poder del Altísimo te cubrirá con Su sombra..."* (Lucas 1:35)

Se puede notar en estos pasajes que:

1. En Mateo 1:18-25.

    a. Que Mateo. 18 y v. 25 explican claramente que José no vivió, ni convivió sexualmente con María hasta después del nacimiento de Jesús.
    b. Que los versículos 18 y 20 afirman que Jesucristo fue *"concebido"* y *"engendrado del Espíritu Santo"* y no por José. No tuvo padre o progenitor humano.
    c. Según versículos 22 al 23, Jesucristo nació de la virgen en cumplimiento de Is. 7:14.

2. Lucas 1:34-35. Aquí confirma que nació de la virgen.
3. Sabemos que José y María vivieron una vida matrimonial normal después del nacimiento de Jesús y que tuvieron otros hijos. Mateo 1:25 indica esto.

IV.   LA IMPORTANCIA DE ESTA DOCTRINA

No podemos negar el nacimiento virginal de Cristo, ya que de hacerlo tendríamos que rechazar prácticamente la Biblia entera, ya que ella está

---

[175] John M. Koessler, *Foundational Faith: Unchangeable Truth for an Ever-changing World* (Moody Publishers, 2003), p. 86.

llena de acontecimientos inexplicables para la ciencia y la mentalidad actual. El Antiguo Testamento profetizó la partenogénesis. El Nuevo Testamento da fe histórica del acontecimiento. Si no fuera cierto, sería muy difícil confiar en ninguno de los otros milagros y narrativas que se encuentran en las páginas sagradas. Cristo dijo: *"y la Escritura no puede ser quebrantada"*. (Jn. 10:35).

Si Cristo hubiera nacido de padre humano, entonces no hubiera sido el Hijo de Dios. En Lucas 1:35 el ángel le afirmó a María que: *"será llamado Hijo de Dios"*. De no serlo, él hubiera sido solo humano como cualquiera de nosotros, siendo engendrado por padre terrenal. No hubiera sido el Dios manifestado en la carne. Si Cristo hubiera tenido a José como padre, o a otro hombre cualquiera; entonces no podría ser el Salvador milagroso y todopoderoso que necesitaba la raza humana.

En Romanos 5:12 el apóstol Pablo menciona que: *"el pecado entró en el mundo por un hombre"*. Aunque Eva pecó primero, Adán fue el responsable delante de Dios por ser el jefe de la familia. Él pecó voluntariamente sabiendo lo que hacía. La mujer fue engañada y el hombre no. Aunque el hombre también fue culpable al desobedecer y comer del fruto del árbol prohibido. Entonces, ya sea por "progenie" o por "federalismo", como mencionan los autores reformados, la naturaleza pecaminosa de nuestros padres la traemos intrínsecamente. La madre concibe al niño en pecado, es decir, con la naturaleza pecaminosa cuando ha sido engendrado por el hombre. (Salmos 51:5). Jesucristo, al tener este nacimiento tan diferente queda exento de la inclinación al mal y del pecado que asedia a la humanidad. Por su nacimiento sobrenatural fue protegido de la naturaleza pecaminosa. (Lc. 1:35). *"El Santo ser que nacerá"*. Recibió la naturaleza humana de su madre, pero no fue contaminado por el pecado como le ocurre a cualquier otro ser humano.

Si hubiera habido una madre y un padre humano, Jesús habría sido únicamente humano. Otros creen que el nacimiento virginal era indispensable para que Cristo careciese de pecado. Si él hubiera tenido a los dos padres humanos, Jesús habría heredado una naturaleza humana depravada o plenamente corrupta; no habría habido posibilidad de él estar libre de pecado. Todo ello es contrario a la doctrina de la Unión Hipostática. Sin embargo, otros creen que el nacimiento virginal no era esencial para ninguna de estas consideraciones, pero que tenía gran valor por simbolizar la realidad de la encarnación. Erickson en su obra de Teología Sistemática, afirma sobre el nacimiento virginal de Cristo que: "Es un factor indicativo, muy similar al modo en que otros milagros, y particularmente la resurrección, funcionan para certificar que Cristo es sobrenatural. Sobre esta base, el nacimiento virginal no es necesario desde un punto de vista mitológico, o sea, que no es necesario que Jesús naciese de una virgen para ser Dios. Sin embargo, es necesario epistemológicamente, esto es, para que nosotros sepamos que es Dios"[176].

CONCLUSIÓN

Qué gran importancia tiene el conocer las grandes doctrinas bíblicas, por dogmáticas que puedan parecer. Basados en ellas, la fe puede trepar, como una planta de vid, fuerte, vigorosa y fructífera. Si bien las puertas del infierno luchan por combatir a la Iglesia cristiana evangélica y a sus doctrinas tratando de hacerla caer, es una bendición saber que es el mismo Señor es el que la guarda contra todo mal.

La ciencia pareciera ser escéptica en todos los casos, sin embargo, su papel es tratar de comprobar mediante el método científico el meollo de su investigación, y si bien se debe entender que la postura de los hombres dedicados a la investigación debe ser así, muchas veces juzgan a priori lo concerniente a la fe, la cual, de todos modos, escapará siempre del laboratorio mientras éste no tenga otra manera de hacer sus investigaciones. Al fin de cuentas lo metafísico o milagroso no puede ser comprobado en una probeta.

La Biblia afirma que el Salvador tuvo una hermosa entrada en la historia humana, totalmente inesperada para el Hades y tristemente también para el mundo de aquél entonces. Una linda señorita virgen llamada María, fue cubierta por el poder del altísimo, accionando los mecanismos de la vida y así comenzar una polémica historia donde la partenogénesis rompería las formas conocidas, y dejando en descompostura la razón.

Las Escrituras en el AT y NT, narran grandes eventos e historias que desenvuelven las doctrinas que emanan de ella. El nacimiento

---

[176] Millard J. Erickson, Teología Sistemática *Volumen 28 de Colección Teología contemporánea: Estudios teológicos* (Editorial CLIE, 2009), p. 756.

virginal es una doctrina fundamental, este hecho sucedió realmente, el cual marcó la historia y de allí el cristianismo está navegando, contra vientos y mareas procelosas de ateísmo, racionalismo, escepticismo, odio, y malas intenciones. Jesús nació en forma extraordinaria de una virgen. Vivió en forma extraordinaria. Murió en una cruz y resucitó en forma extraordinaria. Ahora reina extraordinariamente en el cielo, y en el corazón de cada creyente que le ama y le sirve. Podemos mirar la cruz, y recordar al hombre que fue engendrado por el Espíritu Santo para darnos esperanza en medio de las crisis de todos los tiempos.

CONCLUSIÓN GENERAL

En todo el curso de la historia universal no ha existido, ni existirá, un ser que haya impactado tanto la vida del hombre, como lo hace la persona de Jesucristo. No sólo ha dividido la historia, sino que nos ha dado un sentido de ubicación histórica, nos define un destino celestial eterno, y para poder llegar a este nos otorga el perdón de pecados y la salvación por medio de su vida única, inmaculada y eterna.

Gracias a las Sagradas Escrituras podemos comprobar esta inigualable vida del único Salvador del mundo; Cristo Jesús. Ellas dan testimonio de su divinidad, preexistencia, nombres, bautismo, sus enseñanzas, sus oficios, milagros, muerte, resurrección y ascensión, así como su ministerio presente.

Finalmente, este libro cumple su propósito, si tomamos lo aquí tratado, utilizamos su contenido para amar y conocer mejor a Cristo, si enseñamos más a otros de él, y nos mantenemos creciendo en la gracia y en la fe de Aquel que nos amó y se entregó así mismo por nosotros; entonces serán más reales la Sagrada Escritura que dicen:

> "*Pero estas* (señales, milagros, manifestaciones de su vida)
> *se han escrito para que ustedes crean que*
> *Jesús es el Cristo, el Hijo de Dios, y para que al*
> *creer en su nombre tengan vida*"
> Jn. 20:31 (NVI)

Adelante conociendo a Cristo por el estudio de la Palabra, y por la experiencia vivencial, compartiendo con otros su mensaje y manteniendo la fe en que un día cercano lo conoceremos aún más en la manifestación plena de su gloria. ¡*Maranata*! ¡Cristo viene pronto! Seámosle fieles hasta el final.

BIBLIOGRAFÍA

Adams, John Wesley. Et. Al. *Panorama del Nuevo Testamento, Manual del Estudiante.*
Springfield, MO: Fe en Acción, 2010.

Anders, Max. *30 días para entender lo que creen los Cristianos.*
Thomas Nelson Inc. 2011.

Bancroft Emery F. *Fundamentos de la Teología Bíblica.*
Grand Rapids: Publicaciones Portavoz Evangélico, 1986.

Barclay, William. *Mateo, Tomo 1. El Nuevo Testamento Comentado.*
Argentina: Editorial la Aurora, 1973.

_____. *Marcos Tomo 1. El Nuevo Testamento Comentado.*
Argentina: Editorial la Aurora, 1983.

_____. *Lucas Tomo 1. El Nuevo Testamento Comentado.*
Argentina: Editorial la Aurora, 1983.

Berkhof, Louis. *Teología Sistemática.*
Jenison: T.E.L.L., 1988.

Biblia del Diario Vivir. Nashville: Editorial Caribe, 1997.

Boyd, Frank M. y Myer Pearlman. *Verdades Pentecostales.* Miami: Editorial Vida, 1954.

Breneman, J. Mervin. *Biblia de Estudio Harper/Caribe.*
Miami: Editorial Caribe, 1980.

Constitución de las Asambleas de Dios A.R. (México)
ECCAD, 2011.

Curiel, Arnoldo, Ed. *El Expositor, ¿Quién dicen los hombres que es el Hijo de Hombre? Cristología Devocional.* México, D. F.: ECCAD, 1995.

Douglas, J. D. *Nuevo Diccionario Bíblico.* Chile: Ediciones Certeza, 1992.

Chafer, Lewis Sperry. *Teología Sistemática Tomos I y II.*
Milwaukee: Publicaciones Españolas, Inc., 1986.

Earle, Ralph, Et. Al. *Comentario Bíblico BEACON (Juan, Hechos)*
Kansas City: Casa Nazarena de Publicaciones, 1985.

Edge, Findley B. *Pedagogía Fructífera.*
Nashville: Casa Bautista de Publicaciones, 1989.

Fergurson, Sinclair, Et. Al. *Nuevo Diccionario de Teología*
El Paso: Casa Bautista de Publicaciones, 1992.

García, Alberto L. *Cristología Cristo Jesús: Centro y Praxis del Pueblo de Dios.*
Saint Louis, MO: Editorial Concordia, 2006.

Garret, Leo James. **Teología Sistemática. Tomo I, Bíblica, Histórica, Evangélica**.
El Paso, Tx.: Editorial Mundo Hispano, 2002.

Gilbert, Greg. *¿Quién es Jesús?*
Graham, NC. Publicaciones Faro de Gracia, 2017.

Harrison, Everett. *Diccionario de Teología.*
Grand Rapids: T.E.L.L., 1985.

Henry, Matthew. ***Comentario Exegético de toda la Biblia (Hch., 1 Cor) (2 Cor.-Heb.)***
Terrassa: Editorial Clie, 1989.

Hoff, Pablo. ***Se hizo hombre.***
Miami: Editorial Vida, 1982.

Horton, M. Stanley, Ed. ***Teología Sistemática – Una perspectiva Pentecostal –***
Miami: Editorial Vida, 1996.

Jaramillo, Luciano, (Ed. Gral.). ***La Biblia de Estudio NVI***
Miami: Editorial Vida, 2002.

McDowell, Josh. ***Evidencia que exige un veredicto.***
Miami: Editorial Vida, 1982.

_____. ***Nueva Evidencia que exige un veredicto.***
El Paso, Tx.: Editorial Mundo Hispano, 2004.

Montecinos Chipres, José Luis. ***Cristo en el Antiguo Testamento.***
México, D.F. Editorial el Camino de Vida, 2003.

Nelson, Wilton M. ***Diccionario Ilustrado de la Biblia.***
Miami: Editorial Caribe, 1989.

Pearlman, Myer. ***Teología Bíblica y Sistemática.***
Deerfield: Editorial Vida, 1993.

Price, J. M. ***Jesús el Maestro.***
El Paso: Casa Bautista de Publicaciones, 1981.

Petter, Hugo M. ***Concordancia Greco-Español del Nuevo Testamento.***
Tarrasa: CLIE, 1984.

Rojas, Juan. ***Diccionario Popular de la Biblia.***
Colombia: Editorial Unilit, 1992.

Ryrie, Charles C. *Biblia de Estudio Ryrie*
Grand Rapids: Editorial Portavoz Evangélico, 1991.

_____. *Teología Básica. Miami:* Editorial Unilit, 1993.

Sanner, A. Elwood, Et. Al. *Comentario Bíblico BEACON. Tomo VI.*
Kansas City: Casa Nazarena de Publicaciones, 1983.

Stamps, Donald C. (Red.) *Biblia de Estudio Pentecostal.*
Deerfield: Editorial Vida, 1993.

Strobel, Lee. *El Caso de Cristo, una investigación exhaustiva.* Miami:
Editorial Vida, 2000.

_____. *El Caso del Verdadero Jesús, un periodista investiga los
ataques recientes contra la identidad de Cristo.* Miami: Editorial Vida,
2008.

Suarez, Antonio Cruz. *Bioética Cristiana: Una propuesta para el tercer
milenio.*
Editorial Clie, 2008.

Westcott, B. F. *El Evangelio Según San Juan: El texto griego con
introducción y notas,*
Tomo I. Oregon: Wipf & Stock, 2004.

Wiersbe, Warren W. *Bosquejos Expositivos de la Biblia Nuevo
Testamento, Tomos III, IV, V.*
Nashville: Editorial Caribe, 1995.

Printed in the United States
By Bookmasters